Christina Kiehs-Glos

Arnika

Christina Kiehs-Glos

Arnika

Eine Heilpflanze
voll Kraft und Sensibilität

*Mit Fotografien
der Autorin*

aethera®

Für Gunnar, der die Abenteuer «Arnikawiese und Ameisenhaufen» mit mir durchlebte

Die Natur ist mir äußere und innere Heimat zugleich. In ihr begegne ich mir selbst und dem Phänomen der Heilung durch das tiefe Einssein mit der ganzen Schöpfung im Entstehen und Vergehen.
Die Wahrnehmung der Gebärdensprache der Pflanzen in ihrem Lebenslauf vom Keimen bis zur Fruchtreife lässt mich ihre Heilkraft erahnen. Insbesondere die Wildpflanzen faszinieren durch ihr ungekünsteltes Sein und die Vielfalt ihrer Gebärden. Indem ich den gestischen Bewegungen und Berührungen mit meinem Körper und allen seinen Sinnen nachspüre, indem ich sie nachvollziehe, sie nachtanze, offenbart sich das Pflanzenwesen meinem geistigen Auge und meiner Seele.
Die Iris ist auf diese Weise seit zwölf Jahren zu meiner Weg-, ja Lebensgefährtin geworden. Zu Arnika hat sich diese spirituelle Beziehung in den zwei Jahren unseres «Zusammenlebens» am Rande der Hochmoore und auf den Vogesenhöhen entwickelt.
Ich bin mir sicher, dass die Pflanze dadurch, dass der Mensch sie als Heilpflanze erkennt und durch sorgsames Potenzieren die ihr innewohnenden Kräfte befreit, aber auch dadurch dass er sie im Pflanzentanz würdigt, eine Erhöhung ihres Wesens erfährt.
Meine Lebensaufgabe sehe ich darin, Möglichkeiten für diese Begegnung zu eröffnen und die Heilkraft der Pflanzen erfühlbar, erfahrbar, erlebbar werden zu lassen, sei es über Atem-Energie-Arbeit, Qi Gong, Tanz, Fotografie oder über das Wort.

1. Auflage 2002
aethera im Verlag Freies Geistesleben & Urachhaus GmbH
Landhausstr. 82, 70190 Stuttgart
Internet: www.aethera.de
ISBN 3-7725-5028-2

Druck: Uhl, Radolfzell

Inhalt

Auf der Suche nach dem pflanzlichen «Urgestein»

Unsere Weiden und Berge sind Apotheken» – diesen Ausspruch des großen, Natur und Philosophie vereinenden Arztes aus dem 16. Jahrhundert, Theophrastus Bombastus von Hohenheim, genannt Paracelsus, nahm ich wörtlich, als ich mir 1960 mein zukünftiges Berufsbild als Apothekerin vorstellte: Arbeitsbeginn bei Sonnenaufgang, bei Sonnenuntergang Rückkehr mit einem Rucksack voll heilbringender Wurzeln, Kräuter, Früchte, Samen aus Feld und Flur. Doch dafür war ich mindestens 100 Jahre zu spät dran.

Ich war hineingeboren in eine Zeit, in der das Isolieren einzelner Inhaltsstoffe und das nachahmende Synthetisieren von Naturstoffen an den Universitäten gleichgesetzt wurde mit Fortschritt im therapeutischen Denken und Handeln. Die analytische Tätigkeit ließ wenig geistigen Freiraum für eine tiefe, wesenhafte Begegnung mit Pflanzen und Steinen, wie sie mir als Kind beim Spiel an Bächen und auf den damals noch leuchtend bunten Margeriten-, Salbei- und Glockenblumenwiesen mit ihren Insekten und Schmetterlingen vertraut gewesen war.

Mein tiefsitzender Naturinstinkt, diese frühkindlichen Erlebnisse und Erfahrungen mit selbst gesammelten Kräutern und den daraus gebrauten Tränken sowie die Praktikanten- und Lehrjahre bei herausragenden Apotheker-Persönlichkeiten, die ihr Denken, Wissen und Tun auf Anthroposophie und Homöopathie gründeten und Heilung als eine enge Verbindung des Menschen mit den unerschöpflich schöpferischen Kräften des Naturreiches begriffen, ließen mich nie den Ursprung aller Medizin vergessen und führten mich – nach Jahren hinter der «Theke» – wieder hinaus auf die Weiden und in die Berge, zu den Johanniskraut-Trockenhängen, in die Sonnentau-Hochmoore und Iris-Sumpfwiesen, an die Kalmus-Bäche und in die Urgesteinsregionen, wo noch heute Arnika beheimatet ist.

Vom Nord- bis in den Südschwarzwald und die Vogesen hinauf und hinunter trug mich 1999 die Vorstellung, dass mir im Juni/Juli das gelb-goldene Wogen der Arnika-Blüten zwischen den dunklen Tannenwäldern den Weg weisen würde; dieses Bild lebte in leuchtenden Farben als Erinnerung an eine

Abb. 1: Im Strahlenkranz ihres «Muttterseins» empfängt die erstgeborene, endständige Blüte die Folgeknospen.

Abb. 2: Ein Arnika-Biotop in seiner Ursprünglichkeit: Umgeben von dunklen Schwarzwaldtannen, einst das Revier des Wolfes, blüht am sonnigen Wiesenhang Wolferley.

Schwarzwaldwanderung im Semestersommer 1962 in mir. Ob auf den sturmzerzausten Hochflächen des Kniebis, den Lichtungen am Aufstieg zur Hornisgrinde, den steilen Matten um Menzenschwand, den felsigen Magerfluren am Feldberg – aller Orten hatte uns der herbe Duft und die heilende Würze der Arnika damals begleitet. An vielbegangenen Pfaden kündeten zwar Tafeln von der Bedrohung: «Arnika unter Naturschutz!» Doch damals empfand ich das als Unmöglichkeit. Arnika vom Menschen bedroht, dem zur Heilung sie doch wächst und west!

1999 hatte ich, vor allem im Schwarzwald, große Mühe, diese wichtige Heilpflanze aufzuspüren. Ich wurde den Eindruck nicht los, dass ich sie häufiger in alten Kräuterbüchern finde als in freier Natur. Aber ich gab die Suche nach dieser Wildpflanze, deren wilde Urkraft als «wolfbezwingend» galt, nicht auf. Ich suche sie auf Urgestein. Für mich ist Arnika pflanzliches «Urgestein».

Ergebnisse meines Suchens finden sich in dem vorliegenden Büchlein, auch als Ermutigung an den Leser, sich selbst auf Spurensuche zu begeben.

September 2001 *Christina Kiehs-Glos*

Arnika erkennen

Das Bild, das sich die Menschen über Jahrhunderte hinweg von der Arnika machten, spiegelt sich in den unzähligen Namen. Die Spanne reicht weit: von Engelblume über Bergwohlverleih bis hin zu Wolfstöter und Leopardwürger. Das weist darauf hin, dass in diesem Pflanzenwesen hohe Sensibilität und Heilkraft vereint sind.

Doppelgängerinnen

1937 veröffentlichte die phytopharmazeutische Firma Madaus in ihrem Jahresalmanach eine Zeichnung: Arnika und ihre elf häufigsten Doppelgängerinnen. Interessanterweise findet sich auch *Calendula* in dieser erlauchten, leuchtend gelben Blütengemeinschaft. Im Begleittext heißt es: «Der Pflanzenkenner, der gewöhnt ist, auch auf die feineren Unterschiede im Aussehen der verschiedenen Arten zu achten, wird es nicht für möglich halten, dass die neben Arnika dargestellten elf Pflanzen mit ihr verwechselt werden könnten.» Und dennoch geschieht dies immer wieder, da wir gewöhnlich nicht die Möglichkeit haben, die zu verschiedenen Jahreszeiten blühenden gelben Korbblütler, denen wir auf unseren Wanderungen begegnen, miteinander zu vergleichen. Daher wollen wir die Besonderheiten dieser großartigen und inzwischen so selten gewordenen Heilpflanze ausführlich betrachten.

Aber Verwechslung und Verwirrung haben meiner Ansicht nach weniger mit ihrem sehr klaren Erscheinungsbild zu tun als mit dem Bild, das sich Menschen – über Jahrhunderte hinweg – von ihr machten und das sich in unzähligen Namensgebungen und deren dialekt- und landschaftsgetönten Variationen ausdrückt.

Der Name *Arnika* ist jung im Vergleich zu der traditionellen Verehrung, die sie in der Volksmedizin genießt. Matthiolus, der 1501 bis 1577 in Siena heilte, bildete eine Arnika-Pflanze unter dem Namen *Alisma* ab. Heute verstehen wir darunter ein Froschlöffelgewächs, das zu den Einkeimblättrigen gehört und in keiner Weise mit Arnika verwechselbar erscheint, jedoch trifft die einstige Beschreibung von «Krafft und Vermögen» durchaus auf Arnika zu, was dazu führte, dass diese Überlieferung immer wieder aufs Neue mit Arnika in Verbindung gebracht wurde.

Abb. 3: Im Höhenwind der Vogesenberge wogt Arnika-Gold.

In seinem kulturhistorischen Portrait der *Arnica montana* versucht Prof. Czygan aus Würzburg erneut, Klarheit in die verwirrende Nomenklatur zu

bringen. Der Botaniker Conrad Gesner (1516 – 1565) nannte die Arnika *Caltha alpina* oder Mutterkraut und meldet, «dass die Wurtzel niesen mache». Und der flämische Mediziner Dodonaeus (1517 – 1585) erkannte ihre Zugehörigkeit zu der weltweit sehr verbreiteten Großfamilie der Korbblütler und verlieh ihr den Namen *Chrysanthemum latifolium,* was so viel wie «breitblättrige Wucherblume» bedeutet. Arnika aber wuchert nicht im geringsten; im Gegenteil, schlichter könnte ein anatomischer Steckbrief kaum lauten.

Im 17. Jahrhundert taucht der Name *Arnica montana* auf und weist auf ihr Vorkommen in den Bergregionen hin. Allerdings wird sie sowohl in der botanischen wie auch in der pharmazeutischen Literatur noch lange Zeit parallel dazu als *Doronicum montanum* und *Doronicum arnica* aufgeführt, das heißt, sie wurde zu den Gemswurzarten gezählt, mit denen sie in der Tat auf den ersten Blick manche Gemeinsamkeit zu haben scheint. Im Berner Oberland und vielen anderen Gebirgsgegenden der Schweiz, Österreichs und Deutschlands hält sich die Bezeichnung *Gemschwurze, Gamsbleaml, Bergwurz, Bergwegebreit* bis auf den heutigen Tag. – Tiere weiden Arnika nicht ab, wie sie es mit vielen aromatisch duftenden Bergkräutern tun; das dürfte mit ihrer rauen Blattoberfläche und dem harzigen Geschmack zusammenhängen. Doch wird immer wieder beobachtet, dass Tiere bei Verletzungen, aber auch bei Unwohlsein Pflanzen in kleinen Mengen gezielt zu sich nehmen, die sie als Alltagsfutter meiden, sei es, dass ihnen der Geschmack nicht zusagt oder dass sie sogar in größeren Quantitäten eine Giftwirkung ausüben. Der Name *Gemswurz* deutet auf eine Beobachtung der Berghirten hin, die feststellten, dass die Gemsen im Notfall instinkthaft erkennen, wie ihnen in der Arnika Heilung zuwächst und sie nur gefressen werden muss.

Vom Heilinstinkt der Tiere

Wolf's Bane ...

Doch frage man bei der nächsten Alpenwanderung besser nicht nach Gemswurz, wenn man Arnika sucht, denn dieser Name bezeichnet heute alle *Doronicum*-Arten (nach Linné) und hat nichts mehr mit *Arnica montana* zu tun.

Die wirklich nach Heilung aus den Bergen klingende Bezeichnung *Bergwohlverleih* gebrauche man nur, wenn man weiß, was sich hinter diesem Namen verbirgt, und ihn entsprechend artikuliert als *bergwolferlei. Bergwohlverleih* dürfte das Endglied einer Namenskette sein und von der ursprünglichen Benennung ebenso weit entfernt wie von der Bedeutung. Die Zwischenglieder, die seit ihrer mündlichen oder schriftlichen Überlieferung als Heilpflanze bei allen Beschreibungen der Arnika auftauchen, werden als Abkömmlinge des Stammes *wolf* definiert und entstammen einer Zeit, die weiter zurückliegt als schriftliche Aufzeichnungen im germanischen Norden. Man erklärt den *wolf* damit, dass Arnika in unseren Breiten seit jeher heimisch war, durchaus das Biotop mit dem Wolf teilte und vielfach Waldlichtungen besiedelte. Doch so oberflächlich war die Namengebung durch Kräuterkundige nicht, schon gar nicht bei der so viele Gebrechen heilenden Arnika.

Wolveslih, Wolfilegia, Wolffelein, Wolferley, Wulferley, Wulverling, Wolverlei, Wolfsgele, Wohlerlai, Wolfsdistel, Wolfstöter, Wolframsblume – das klingt nach Pflanzenbeschwörung, nach Wolf im Mythos. Welche Kraft muss in einer

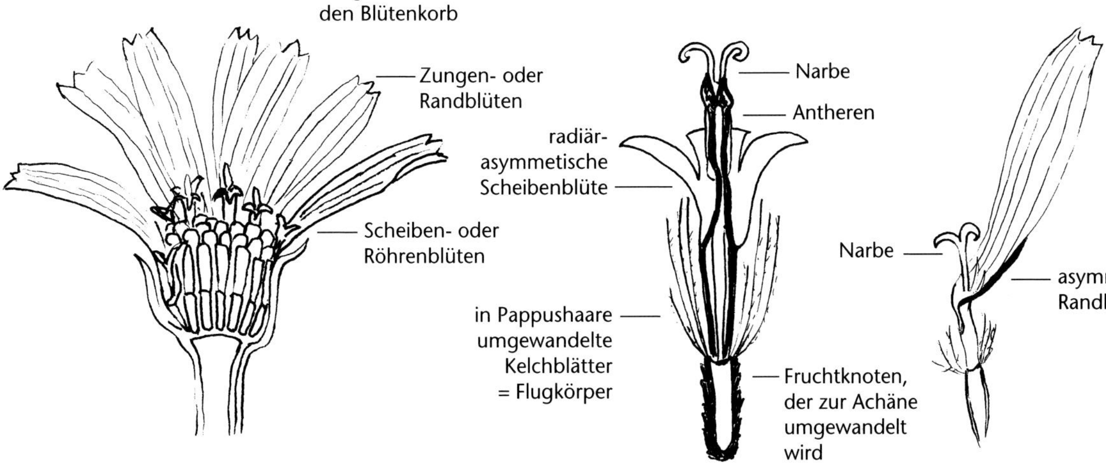

Pflanze stecken, die es mit dem «Wolf» aufnimmt, vielleicht sogar mit dem Fenriswolf, der bei der Götterdämmerung von seinen Fesseln befreit wird und die Sonne verschlingt? Kann Arnika den Wolf bannen, wie der englische Name *Wolf's Bane* es nahelegt? Verkörpert Arnika in ihrer Heilkraft gar die wiedergeborene Sonne? Wurde ihr Trank gereicht gegen die Ängste vor der «Wolfszeit», dem Weltenende?

... und Engelblume

Wenn diese Pflanze es mit dem stärksten Wolf aufnimmt, dann steht sie vielleicht mit dem Reich der Engel in Verbindung? Was könnte zu ihren Namen *Engelkraut, Engelblume, Sternenblume*, zu ihrem Gebrauch als *Engeltrank* geführt haben? Grenzt ihre Heilkraft dergestalt ans Wunderbare, dass sie mit den Engeln im Bunde steht? Brachte ihre Einnahme den Kranken mit den heilenden Engelkräften in Berührung? Wir müssen uns immer wieder vergegenwärtigen, dass Kranksein in früheren Jahrhunderten stets als ein Besetztsein von dämonischen Energien galt und dass Heilung in einem tief religiösen Sinn eine Umkehr, ein Hinwenden zu lichtvollen Energien bedeutete. Wenn wir später Arnika in ihrer Gestik ausführlich studieren, werden wir erkennen, dass in ihrem Erscheinungsbild aufrechte Haltung mit Demut und absoluter Schlichtheit gepaart sind – drei untrügliche Zeichen, die sie als göttliches, das heißt heilbringendes pflanzliches Individuum erkennen lassen.

Gegen allerlei Gebresten

Mit der Ausbreitung des Christentums entwickelte sich die Verehrung der Heiligen, der Schutzpatrone für Gesundheit und gegen Willfähr, Übel, Krankheit. Wer eine einzelne Arnika aus einer dunklen Waldwiese hervorleuchten sieht, kann nicht umhin, in ihr ehrfurchtsvoll ein heiliges Wesen zu entdecken. So nimmt es nicht Wunder, dass sie mit ihren außerordentlichen Kräften mancherorts den Sternen oder auch der Heiligen Katharina als *Cathreinkraut,* der Heiligen Lucia als *Sankt Lucienkraut* beigeordnet wurde. Jacobus Theodorus Tabernaemontanus gibt in seinem *New vollkommentlich Kreuterbuch* von 1588/1590 Arnika als *Groß-Lucianskraut* eindeutig wider, verwendet aber den Text von Matthiolus zu *Alisma*. An anderer Stelle gibt Tabernaemontanus die

Beschreibung von *Mutterwurtz* wieder, wie er sie bei Lobelius gefunden hatte; hier ist nun unverkennbar Arnika gemeint: «Djeses Kraut beschreibet Lobelius in seinen Observationibus und adversariis novis, dass es ein schönes Gewächs seye, seine Wurtzel vergleicht sich der Wurtzel des grossen Baldrians, ausgenommen dass sie kleiner ist, und mit vielen Faseln behencket, bey nahe dem Doronico gleich, eines räsen, scharfen, durchtringenden, bittern, und doch wurtzigen Geschmacks, dem Nardo gantz gleich, aus welcher Wurtzel ein Stengel herfür tritt einer Elen hoch, bissweilen auch niedriger, an welches Gipffel ein gestirnte goldgelbe Blum herfür kommt gantz lustig und schön anzusehen, der Rindsaugblumen oder Johannisblumen fast gleich. Seine Blätter sind lang, breit und bleichgelb, mit vielen Aederlein durchzogen, der Entzian so gleich, oder ähnlich, dass sie in der erst vor die Entzian möchte angesehen werden. Gesnerus und Dodonaeus vergleichet sie den Wegreichsblättern, mit welchen sie auch gar übereinkommen. Lobelius schreibet, dass er es in Agro Narbonensi angetroffen, es wächst auch in feuchten Wiesen, auf den hohen Gebürgen» – das heißt in der Schweiz und im Elsass.

Ihre Hochblüte erlebt Arnika um Johanni, wie zahlreiche vom Lichtimpuls angeregte, gelb und orange blühende Pflanzen. So wird sie auch als Johannis-Sonnwendblume oder Johanniskraut tituliert, obgleich botanisch exakt *Hypericum perforatum* als Johanniskraut gilt.

Gegen die «Gebresten» der Gebärmutter (Beermutter), heißt es in alten Kräuterbüchern, hilft die *Mutterwurz*, das *Magdalenenkraut*. Als Mutterwurz zählt Arnika zusammen mit Bärwurz, mit der sie am Rande der Moore, wie wir später sehen werden, in enger Biotopgemeinschaft lebt, zu den «Hexenkräutern», die oftmals auch von Hebammen als Geheimrezept und aufgrund spezieller eigener Erfahrungen angewendet wurden. Ich meine, in der Art und Weise, wie die erblühte Arnika ihre «Kinder», die Folgeknospen, hütet und beschützt, liegt sogar in der äußeren Gebärde eine mütterliche Geste. In diesem Erscheinungsbild liegt für mich die Unverwechselbarkeit von Arnika, die sie aus der Fülle der gelb leuchtenden Blütenpflanzen heraushebt.

Wie eine Zusammenfassung all ihrer Heilenergien klingen die Namen *Kraftrose, Kraftwurz, Leopardwürger, Altvatermark*. Wir werden jedoch sehen, wie ihr kraftvolles Erscheinen und Wirken mit hoher Sensibilität gepaart ist.

Alle Pflanzenteile dienen dem Einen

Arnika ist durch ein dichtes Wurzel- und Rhizomsystem fest in der Erde verankert. Von diesem Basislager aus beginnt sie mit starkem Durchsetzungswillen ihren Aufstieg in die Höhe, gut ausgerüstet gegen alle klimatischen Wechselbäder extremer Bergzonen – bis schließlich die Blüten sich öffnen und einen würzigen Duft verströmen. Dreifach sichert sie ihr Überleben ab. Nur eines bedeutet unweigerlich ihr Verschwinden: die Überdüngung ihres Lebensraumes durch den Menschen.

Das unterirdische Labyrinth • Das grüne Basislager • Krone der Einfachheit • Dreifache Lebensversicherung • Wolfskraft und Sensibilität • Engelblum und Teufelsabbiss

Das unterirdische Labyrinth

Nichts geht über gute Bergstiefel

Was nimmt der Wanderer auf eine Berg- oder Gipfeltour mit? Wenig. Nur das Allernötigste. Basisausrüstung: Bergstiefel, Rucksackvesper, Stock und Sonnenhut. So auch Arnika, die mitunter auf 2600 m steigt. Nichts geht über gute Bergstiefel!

Die Bergstiefel der Arnika sind ein unterirdisches Verankerungssystem aus kriechenden Sprossen und haltgebenden, saugenden Wurzeln. Trittsicher ist sie ausgestattet, ob gegenüber dem Menschen oder den Almkühen und Bergziegen. Werden die oberirdischen Teile verletzt, so treibt sie aus den unterirdischen Speichern nach. Was wir oberirdisch finden und bewundern, ist also nur ein Teil der großen Wesenheit Arnika. Der unter der Erde sich ausbreitende Lebensbereich erlaubt ihr, in Felsspalten Wasser aufzuspüren und auf schwacher Krume Halt zu finden, indem sich das Rhizom an die Steinbewegung angliedert. Arnika erweist sich als eine richtige Gebirgspflanze.

Abb. 4: Das liegende Rhizom ist ein umgewandelter Sprossteil, Ort der vegetativen Vermehrung durch dichotome Verzweigung und Sprossung.

Bereits im Keimlingsstadium, wenige Tage nach der Entfaltung der ersten Keimblätter, können wir die Bedeutung des späteren ausgedehnten Rhizom- und Wurzelnetzes erahnen, denn die erste Pfahlwurzel, die sich feuchtigkeitsuchend in die Erde senkt, ist fünf Mal so lang wie das winzige Blattsystem. Sinnenhafte Erdverbundenheit vom ersten Lebenstag an!

Wiederum drei bis vier Tage später beginnt sich die Hauptwurzel klar und einfach zu verzweigen. Gleichzeitig treiben aus dem tiefliegenden Sprossansatz unterirdische Ausläufer, Wandersprosse, die blassen Vorstufen der so genannten Rhizome. Vom Licht abgewandt, daher ohne den grünen Assimilationsstoff Chlorophyll, gehören sie trotzdem dem Spross-System an, das heißt, sie verfügen über dessen Fähigkeit zu vegetativer Vermehrung. Während sie die Wurzel in der Aufgabe unterstützen, die Pflanze zu verankern, sind sie befreit von der Pflicht des Saugens und der Nährstoffversorgung. Im Gegenteil, sie werden im reiferen Stadium Teil des Nahrungsspeichernetzes der Arnika und übernehmen Fortpflanzungsaufgaben sehr ursprünglicher Art.

Bei Pflanzen, die weder Sporen noch Samen ausbilden, begegnen wir einem schlichten Teilungssystem der endständigen Sprosse. Sie verzweigen sich in zwei, vier, dann acht fächerartig ausgebreitete Triebe, die zur Ausbildung eines Flachgewebes, des Thallus, führen, bis hin zu kugeligen Formen, wenn keine begrenzenden Impulse durch Licht und Luft Einhalt gebieten. Im Wasser schwimmen Algen und Tange in allen Variationsmöglichkeiten dieses Fortpflanzungssystems. Nach dem Landgang der Pflanzen, dem in Jahrmillionen die Ausformung blühender, Früchte und Samen bildender Arten folgte, bewirken kosmische Einflüsse ein Zurückziehen dieser dichotomen Sprossverzweigung unter die Erde bei gleichzeitiger Begrenzung auf die zweidimensionale Ausdehnung.

Abb. 5 a: Mit seinen Tast- und Kriechwurzeln gleicht das freigelegte Rhizom einem über die Erde kriechenden Insekt.

Abb. 5 b: Aus dem unterirdischen Netz bildet sich nach oben ein grüner Thallus aus.

Abb. 5 c: Die wenigen drahtigen Haft- und Zugwurzeln sind unterirdisch genauso sparsam verzweigt wie der oberirdische Blütentrieb.

Abb. 5 d: Das Arnika-Rhizom weist Faserbruch auf; dabei zeigt sich die Zähigkeit der Gefäßbündel.

Abb. 5 e: Das Rhizom des Teufelsabbiss trägt einen radiär angeordneten Kranz starker, saftiger Haftwurzeln und sieht auch ohne Bruchstelle wie abgebissen aus.

Arnika kommt auch in tieferen Regionen in Moornähe vor. Heben wir die Torfmoosdecke leicht an, so liegt das unterirdische Labyrinth der sensiblen Arnika-Rhizome frei. Wir erkennen an der Dichte dieser unterirdischen Spross-Ausläufer, weshalb Arnika oberirdisch größere zusammenhängende Blätterteppiche bildet, die einem Thallus im weitesten Sinne vergleichbar sind. Bei den Ingwer- und Irisgewächsen ist der Rhizomteil zu einem wuchtigen Nahrungsspeicher entwickelt, ein Charakteristikum dieser frühen Pflanzenfamilien wie *Liliaceen* und *Zingiberaceen*. Bei Arnika und weiteren Kompositen überschreitet der Rhizomteil selten Fingerdicke. Eine Ausnahme bilden die unterirdischen Spross-Knollen von *Helianthus tuberosus,* weshalb Topinambur auch Erdbirne genannt wird.

Arnika gehört zu den höchstentwickelten Blütenpflanzen, den Korbblütlern, die sich vorwiegend auf Samenverbreitung stützen und auf diesem Gebiet außergewöhnliche Flugtechniken entwickelt haben. Es ist umso erstaunlicher und daher von großer Bedeutung für die Betrachtung der Arnika als Heilpflanze, dass sie sich beider Fortpflanzungsmöglichkeiten bedient und sowohl unter als auch über der Erde therapeutisch wirksame Stoffe produ-

5a

5b

5c

5d

5e

ziert mit – selbstverständlich – verschiedenem Arzneimittelbild. Das Erscheinungsbild der unterirdischen Arnika gleicht viel ausgeprägter einem Labyrinth, als es der Anblick der einfachen, klaren Formensprache von Blätter, Spross und Blüten erwarten lässt. Noch um die Jahrhundertwende galt Arnika wegen dieses dichten Wurzelwerkes als «gefürchtetes Ackerunkraut».

Ein unterirdisches Befestigungssystem

Das waagrecht kriechende oder leicht absteigende Rhizom erreicht eine Länge von etwa 10 cm, dabei aber nur eine Dicke von etwa 5 mm. Horizontal entsendet es die Wandersprosse, vertikal nach oben die Blatt- und Blühsprosse, sodass es als eigenständiger Pflanzenteil nicht einfach auszumachen ist. Bei näherer Betrachtung erkennen und differenzieren wir die einseitswendigen, nach unten entspringenden Befestigungswurzeln, während mehr oder weniger abgestorbene Blattreste den Spross umfassen. «Die Stellen, an denen sich die Blattscheidennarben mit den Längsrunzeln kreuzen, erheben sich zu kleinen Höckern», so kennzeichnete der Botaniker Flückiger, der es mit den Details sehr genau nahm, das eindeutige Rhizom-Merkmal. Als ob eine Sollbruchstelle integriert wäre, bricht das Rhizom sehr leicht. Diese spröde Brüchigkeit ist Hinweis auf einen relativ starken Einschluss mineralischer Anteile. Zähigkeit tritt nur in den Gefäßbündeln zutage, die deshalb über diese Bruchstelle hinausragen und zu einer charakteristischen Bruch-Struktur führen, die sich vom Rhizom des Teufelsabbiss eindeutig unterscheidet, das wie abgebissen aussieht (siehe S. 56/57).

Rings um das große Mark liegt dieser Kreis mit Gefäßbündeln und außerhalb desselben ein Kranz großer Sekretbehälter, doch diese finden wir auch in den Befestigungswurzeln. Aufgrund der Tatsache, dass sowohl im Rhizom als auch in den Befestigungswurzeln therapeutisch wertvolle Inhaltsstoffe wie Harze, Gallussäuren, Inulin, Arnicin, ätherisches Öl, Angelica-Säure, Capronsäure sowie Thymolabkömmlinge nachzuweisen sind, lautet die pharmazeutische Zulassung-*Rhizoma et Radix Arnicae.* Wie sinnvoll es tatsächlich ist, diesen unterirdischen Bereich nicht zu zerstückeln, sondern ihn als eigenen Energiebereich der Gesamtpflanze zu betrachten, werden wir erkennen, wenn wir im Kapitel «Arnika, die große Heilerin» die einzelnen Wesensglieder der Arnika in den größeren Zusammenhang stellen.

Die Speicher sind gefüllt.

Wenn im Herbst die Blätter der Arnika langsam in den Prozess der reduzierten Assimilation eintreten, auf die schließlich das so genannte Einziehen aller sichtbaren Kräfte folgt, dann werden die unterirdischen Speicher gefüllt, bevor auch sie die Winterruhe antreten. So wirkt zwar Arnika nach außen wie eine einjährige Komposite, vergleichbar der Ringelblume. Doch die gefüllten Scheunen bilden ein von Licht-, Luft-, Wasser- und Erdkräften gespeistes, unterirdisches, sensibles Labyrinth und ermöglichen ein wesentlich rascheres Austreiben im Frühjahr, das, wie wir bei der Betrachtung der Lebensgemeinschaft der Arnika sehen werden, ihr Überleben in einer harten, vom Mineralischen geprägten Fels- und Gebirgsatmosphäre sichert, ihr aber auch die Kraft verleiht, in tiefergelegenen Randmoorzonen in einer starken Konkurrenzgesellschaft zu bestehen.

Das grüne Basislager

Das nächste Basislager der Bergbesteigung ist grün, schmiegt sich der Erde zurückhaltend und unauffällig an und wirkt doch klar in der Aussage. Das gehört zu Arnika, denn auch im zweiten Basislager gilt die Devise: Beschränkung auf das Nötigste. Zwei kreuzständige Blattpaare zu einer Bodenrosette gruppiert, ein Blütenspross mit dottergelber Krone und zwei bis vier Folgeknospen, so einfach und unverkennbar zeichnet die Botanik ihr Konterfei. Doch die Wesenheit Arnika offenbart sich erst, wenn wir sie in ihrem Wachsen und Wirken begleiten.

Gewappnet gegen klimatische Wechselbäder

Der Winter schmilzt langsam in den Bergen . Bis Anfang Juni vermissen wir Arnika auf den Alpenmatten. Plötzlich brechen grüne Tütchen auf zwischen zarten Gräsern. Sie drängen, selbst ganz wärmegeschützt, ans Licht, in die Wärme. Mit dem Fellmantel der Berghirten bekleidet, mehr grau als grün, «wissen» sie offenbar um die klimatischen Wechselbäder in den Bergen und verheißen Durchsetzungswillen. Kaum aber haben sich vier bis sechs einheitlich länglich-eiförmige, ganzrandige, großen Keimblättern gleichende Laubblätter entfaltet, hält der Impuls inne, der sie emporgesandt hat. Moose, zarte Gräser, alle vorwitzigen, kleinen Pflänzchen, die zuvor den Boden bedeckt hatten, werden überschattet von dem breitblättrigen Arnika-Grün. Der Name *Breitwegekraut* umschreibt dieses Erscheinungsbild. Klare Dominanz strahlt es aus, dieses vom Licht in Goldoliv verwandelte Grün. Welche Aufgabe erfüllt es?

Betrachten wir dieses Basislager genauer! Hier findet die Vorbereitung zum großen Berggang statt. Diese grünen Sprosse setzen über der Erde die Anlage zu vegetativer Vermehrung fort, denn zwischen den bereits entfalteten großen Rosetten sprießen ständig neue auf, so, als wären sie lauter eigenständige, voneinander unabhängige Pflanzen. Gleichzeitig beginnt ihr eigener Lebensauftrag, die Assimilation. Zu assimilieren gibt es reichlich: das starke Licht mit seinem extremem Anteil an ultravioletter Strahlung, die bewegte Höhenluft mit abnehmendem Sauerstoffgehalt. Auf die Schwankungen im Feuchtigkeits- und Wasserangebot eingestellt zu sein, gilt als Voraussetzung. Diese Voraussetzung bieten Silikate, Mineralien, die das Urgestein aufbauenden Substanzen. Sie werden durch die Pflanzensäuren aufgeschlossen und gelöst.

Den festen Strukturen und klaren Formen, die Arnika morphologisch prägen, sehen wir den Kieselsäuregehalt geradezu an. Kieselsäure ist die Gerüstsubstanz der Pflanzenwelt und tritt an der Blattunterseite der Arnika-Blätter als deutliche Rippenbildung der Gefäße hervor. Selbst die feinen Deckhaare der Blattoberfläche starren ob der mineralischen Einlagerungen borstenartig und wirken abstoßend auf die empfindlichen Gaumen von Kühen, Ziegen, Schafen, weshalb sich Arnika ungefährdet auf Weiden und Almen breit machen kann.

Abb. 6 a: In dichten Schichten bilden die braunen, verkieselten Arnika-Blätter des Vorjahres ein wärmendes «Bett» für den zartfleischigen Frühjahrstrieb.

Abb. 6 b: Die Speicherwärme, die im Frühling im Rhizom freigegeben wird, schmilzt den Schnee und steigert den Durchbruchsimpuls des jungen Sprosses.

Abb. 6 c: Eine im Vorjahr gekeimte Jungpflanze hat den milden Winter 1999 als kleine Blattrosette überdauert.

Abb. 6 d: Ein dichtes Haarkleid wärmt und schützt.

6a

6b

6c

6d

Abb. 7: Die Wesenheit Arnika tritt hervor, ein heiliger Augenblick.

Abb. 8: In tieferen Lagen und über humosem Boden bildet Arnika ein dichtes, grünes «Basislager» und west in der Wandlungsphase Wasser.

Dicht an dicht liegend, bilden diese längeren, deckenden Haare ein multifunktionales System, indem sie das Licht reflektieren, vor Verbrennung, Verdunstung und Austrocknung sowie vor Spätfrösten schützen. Die Transpiration ist nur möglich durch den Dampfdruckunterschied zwischen der umgebenden Luft und der Interzellularluft der Blätter. Neben der Wärme bewirkt auch der in den Gebirgshöhen abnehmende Luftdruck im Allgemeinen größere Wasserverdunstung und damit auch eine erhöhte Transpiration. Arnika schützt sich im Blattbereich durch ein Anpressen der Rosettenblätter an den Berggrund, während in tieferen Lagen durchaus aufgerichtete Grundblätter zu finden sind.

Zwischen den Schutzhaaren recken sich Drüsenköpfchen der Sonne entgegen, die als Sonnenkollektoren wirken und ätherisches Öl bilden. Sie werden uns vermehrt bei der Betrachtung des aufstrebenden Sprosses und der Blüte beschäftigen.

Sobald Intensität und verlängerte Dauer der Sonneneinstrahlung den nahenden Hochsommer ankündigen, tritt im einheitlich grünen Basislager eine Differenzierung ein. Zweijährige Rosetten recken sich und entsenden einen Blütenspross, einjährige stehen eher büschelig dazwischen und halten in ihrem Wachstum inne, geben sich ganz der Photosynthese und der indirekten Versorgung der Altpflanzen hin, die nun die geschlechtliche Fortpflanzung vorbereiten.

Krone der Einfachheit

Das «niedergedrückte» Blattgebilde aus vier, maximal sechs wechselständigen Blättern lässt nicht viel erwarten. Nichts Erhabenes weist auf Heilkraft hin, eher duckmäuserisch haften die Blattpaare ohne Zwischenspross am Boden. Rosette klingt fast geschmeichelt für diese schlichte Blattfolge.

Im Kreuz: Zentrum der Verwandlung

Mich fasziniert dieses Ebenmaß. Aus der Vogelperspektive ist es ein grünes Kreuz. Ein Leben spendendes grünes Kreuz birgt Verheißung. In wenigen Tagen färbt sich das Zentrum des Kreuzes blutrot. Welcher Impuls trifft im Kreuzungspunkt auf die horizontale Ausbreitung in der Zeit? Das Zeitlose bricht stets in der Vertikalen ein! Binnen weniger Tage wird der Mittelbereich der Arnika-Rosette zum Zentrum der Verwandlung.

Die Art erhalten, sich vermehren, immer neu das «Stirb und Werde» erfahren – das ereignet sich im senkrecht aufstrebenden Blütenspross, der alle Kräfte bündelt, um die mächtige Knospe zu stützen, die das Blütengeheimnis birgt. Auch hier richten gerüstbildende Kieselsäurekräfte auf, geben inneren Halt. Das Kreuz wird zum mütterlichen Schoß.

In der Gestik des bergenden Bewahrens strebt der Arnika-Spross einer neuen Freiheit zu. Wie eine Inuitmutter lange Zeit ihre Kinder, in einer großen Pelzkapuze geschützt, hinein in ein raues Leben trägt, so bildet die zentrale Mutterknospe zunächst eine innige Einheit mit den zwei bis vier Folgeknospen. Gleichzeitig drängt nach außen, was im Grün verborgen war: Carotinoide, die Schutzsubstanzen gegen Sonnenbrand, erfüllen die grünen Hüllblätter bis in ihre feinsten Spitzen und lassen die Knospe teilweise in einem tiefen Purpur bis Rostrot aufleuchten.

Zungen- und Röhrenblüten

Goldenen Fingern gleich entrollen sich binnen weniger Tage die schmal eingerollten Zungenblüten, die den Lock- und Schaublütenkranz des Körbchens formen. Keineswegs zaghaft, im Gegenteil, eher forsch und von Sicherheit getragen, als ob sie sich ihrer verantwortungsvollen Aufgabe in der Anlockung der Insekten bewusst wären und sich zum Johannisfest schmücken wollten, treten die weiblichen Zungenblüten einzeln auf die Lebensbühne, die Korbblüte heißt. Sind sie voll entfaltet, bieten sie die Gewähr für die Anlockung der bestäubenden Insekten. Jetzt erst öffnen sich die Röhrenblüten, entströmen Nektar und senden die Antheren empor, die Staubblattgefäße, die überquellen von gelbem Blütenstaub. Auch dieser Sommerfülle liegen absolute Klarheit, Einfachheit und Schlichtheit zugrunde.

Mitten in der Blütezeit wird die nächste Entwicklungsstufe vorbereitet. Bei vielen Kompositen finden wir die Röhrenblüten von einem feinen Haarkranz umgeben. Dieser sitzt an der Stelle der Kelchblätter und wandelt sich im Zuge der Reife des unterständigen Fruchtknotens zu einem feingefiederten, luftigen Gleit- und Fallschirm um. Er wird später Arnika in alle Winde tragen, hinauf in freie Bergeshöhen, hinein in Waldlichtungen, hinab in die Randzonen der Hochmoore.

Der würzig balsamische Duft durchweht die Arnika-Wiese und weist schon von Weitem den Weg zum Arnika-Berghang. Heilkraft durchflutet die Atemorgane, linderndes Gelbgold strahlt in das Auge. Bis auf den heutigen Tag lebendig bleibt mir die Erinnerung an die erste Begegnung mit einzelnen Arnika-Pflanzen am steilen Aufstieg zum Feldberg in meinen Schulferientagen. Sie erschienen mir wie Sterne, die herabgefallen waren, um eine unwirtliche, eher lebensfeindliche Region zu erwärmen, waren sie doch der einzige «Lichtblick» in der vom Nebel umwogten Berghöhe.

Kraft und Ruhe im entfesselten Element

Noch unvergesslicher sind mir Nächte auf der Vogesenhöhe des Le Markstein, direkt am Rande der Arnika-Hochflächen. Mit nachtschwarzen Wolkenwänden und wilden Blitzen von allen Seiten hatte es begonnen. Den Sturzbächen von Vogesenregen hielt mein Zelt stand, doch anstelle eines Regenbogens oder Sonnenstrahles folgte dem Berggewitter Nebel, gepeitscht von einem Orkan aus West. Eine Nacht, einen Tag, eine Nacht – die Sichtluke nur noch fingerspaltbreit und immer seltener öffnend, umklammerten meine eisigen Finger die dünne Zeltdachhaut, um ein Davonfliegen des Zeltes zu verhindern. In der dritten Nacht gab ich auf, flüchtete, das Zelt dem Sturm überlassend ins Auto, vorbei an Hunderten blühender Arnika. Sie alle tanzten im Wind und schienen das entfesselte Element zu genießen. Keine einzige war geknickt, keine einzige hatte den Kopf verloren. Leicht zerzaust schüttelten sie sich am nächsten Tag sich trocknend in der Morgensonne. Elementare Kraft, sichere Ruhe, innerer Halt strahlten mir entgegen und ummantelten mein zerzaustes Morgengefühl des Übernächtigtseins. Ein wärmender, wahrhaft heilsamer Anblick!

Immer wieder faszinieren und erstaunen mich die individuellen, geheimen Kräfte der Pflanzen und animieren mich, ihrem Wesen nicht nur durch Beobachtung und fotografisches Studium nachzuspüren, sondern mit ihnen zu leben. Mit einer Wildpflanze wie Arnika zu leben, heißt, sich den klimatischen und jahreszeitlichen, überhaupt ihren Lebensbedingungen auszusetzen, um äußere wie innere Seelenlandschaften in ihr und in mir selbst zu erkunden.

Dreifache Lebensversicherung

Der Kalender weist Hochsommerferien aus. Holzgeschnitzte Wegzeiger leiten Rucksackwanderer durch dunkle Schwarzwaldtäler, vorbei an Mooren, hinauf auf die Höhen mit Fernsicht auf Belchen und Kandel.

Am Rande des Hochmoors zittern zarte Spinngewebe an dunkelbraunen Pflanzenskeletten. Den Jüngsten unter den Baldachinspinnen verbleibt noch etwas Zeit, die Kunstfertigkeit der Älteren zu erreichen, um ein Raumnetz mit funktionsfähigem Schwungboden zu spinnen, doch für die blühende Arnika ist der Sommer vorbei. Sie dient nur noch als Kletter- und Haltegerüst für die Spinnenkünste. Die Oberflächen der ausgetrockneten Stiele und die zerfaserten Stängelblattreste bieten einen idealen Haftgrund für die aufwendigen

Abb. 9: Die mit borstigen Haaren und Drüsenhaaren besetzte dunkelgrüne Blattoberseite verströmt einen heilsamen balsamischen Duft; auf der Unterseite treten die Gefäße deutlich hervor.

Abb. 10: Im durchscheinenden Morgenlicht entfaltet das Blattgrün sein Leuchtspektrum von Gold bis Oliv.

Netzwirkarbeiten. Arnika, den eigenen Sterbe-und Todesprozessen hingegeben, wird zur «Nutzpflanze» im Spinnenbiotop.

Kurz ist das Arnika-Jahr auf den Almen, Alpweiden und Matten, die das Urgestein in den Alpenregionen Österreichs und der Schweiz bedecken und sich auf der Schwarzwaldhöhe drängen, wo sich Donau- und Rheinzuflussquellen richtungweisend scheiden. Seitdem im Mai die ersten grünen, noch eingerollten Laubblätter den aufgetauten Boden durchstoßen haben, sind nur dreieinhalb Monate vergangen, und dennoch hat Arnika alles Lebenswerte erlebt: Austreiben, Blütenentwicklung, Fruchtreife. Und sie hat ihr Überleben dreifach abgesichert.

Abb. 11: Im Zentrum des Leben spendenden Blätterkreuzes erscheint Purpur, Verheißung des Blühimpulses.

Der Duft nach frischem Öhmd, dem zweiten Grasschnitt, überdeckt die zurückhaltenden Aromen von Erika und Johanniskraut. Die blaue Leuchtkraft der pfirsichblättrigen Glockenblume, die zarten grün-weißen Schleier der Bärwurz und die von Sonnengold strahlenden Gesichter der Arnika sind Siena- und Umbratönen gewichen. Die Farben der Silikatbildeprozesse dominieren bei den Arnika-Stängeln, während in den grundständigen Rosetten der abgeblühten Pflanzen ein langsamer Einziehungsprozess die unterirdischen Spross-Speicher mit wertvollen Nahrungsstoffen füllt. Das unterirdische, flächenergreifende Wandern bringt die Arnika zwar langsamer voran als der Gleitflug des Samens bis hin zu fernen Weiden, aber mit großer Verlässlichkeit sind so die Speicher gefüllt, aus denen sie dann im kommenden Frühling schöpfen kann.

Abb. 12: Mantelartig schützend richtet sich ein Blattpaar auf.
Abb. 13: Bittere, rote Anthocyane und ein dichtes Haarkleid bewahren die kraftvollen Knospen vor dem Gefressenwerden.
Abb. 14: Wie die Inuit-Frau in der großen Kapuze ihre Kinder ins Leben trägt, so birgt die Arnika wärmend ihre Knospen.
Abb. 15: Der Licht-Wärme-Impuls der letzten Mai- und ersten Junitage lockert die Hüllblätter des Blütenkorbes und lässt die Zungenblüten erwachen.
Abb. 16: Jede «Zunge» ist eine eigenständige Blütenindividualität; das zeigt sich in der Gestik, im Variationsreichtum der Bewegungen und in der Ungleichheit der Entfaltung.
Abb. 17: Nicht jede Blattrosette sendet einen Blütenspross empor; und so wehen zwischen den Arnika-Blüten viele Gräser im Sommerwind.
Abb. 18 a: Der Blütenkorb in seiner Fülle an entfalteten Zungen- und Röhrenblüten, Staubgefäßen und Narbenblättern.
Abb. 18 b: Inmitten des Blühens entwickeln sich die feinen Pappushaare.
Abb. 19 a: Die Zungenblüten welken, der Blütenboden dehnt sich aus, die «Flugschirme» reifen.
Abb. 19 b: Chlorophyll und Feuchtigkeit ziehen sich zurück, der Silikatprozess beginnt, d.h. die bisher gelöste Kieselsäure kristallisiert aus.
Abb. 19 c: Ein «soziales Angebot» der Arnika an die Wiesenmitbewohner: Gerüstbildung für die Netze der Raumspinnen.
Abb. 19 d: Wie im Taumel löst sich die Arnika-Frucht aus der Erdenschwere.
Abb. 20: Aufwölbung des Blütenbodens zur sphärischen reifen Kugel.
Abb. 21: Die Arnika-Frucht, eine Achäne, birgt den Samen; sie ist ein Wunderwerk an Flug- und Isolationstechnik.

18a

18b

19a

19b

19c

19d

Abb. 22: Wohin? Losgelöst im freien Flug, dem Wind hingegeben, der Erdenschwere enthoben.

Übersteigerte Kieselsäure-Einlagerungen führen im lebenden Gewebe zu todbringenden Verhärtungen, dem Samen jedoch sichern sie das Überleben. Es gibt keine Natursubstanz, die in solch feiner Struktur, wie es das Kieselsäuregerüst darstellt, frostisolierend und säurestabilisierend wirkt. Somit könnte ein Arnika-Samen nicht nur einen Winter, sondern mehrere Jahre überdauern. Allerdings nimmt die Keimfähigkeit bei Arnika schon nach zwei Jahren deutlich ab. Auch hierin zeigen sich wieder Kraft und Sensibilität eng miteinander verbunden.

Achäne

Die Fruchtgestalt bei Arnika wird als *Achäne* bezeichnet. Samenschale und Fruchtwand verwachsen nussartig zu einer Schließfrucht. Die Achänen der Arnika sind auch in ihren Feinstrukturen mit bloßem Auge gut wahrnehmbar. Betasten wir den Fruchtkörper, so spüren wir den feinen Widerstand, der von winzigen Schuppen herrührt. Die Arnika-Achäne trägt zusätzlich alle Merkmale, die wir bei der Blattentwicklung besonders hervorgehoben haben, besonders die borstige Behaarung, die im Falle des Landens eines Achänen-Fallschirms das unmittelbare Verankern in der Erde sichert. Das Haftende, das die grüne Pflanze bis hinauf in den Blütenkorb prägt, tritt hier in verfestigter und auf mikroskopische Dimension verkleinerter Gestalt auf.

Die Arnika-Achäne ist beileibe nicht die kleinste und zarteste dieser Kompositen-Flugfrüchte. Tastbar, aber ohne optische Vergrößerung nicht mehr in

ihrem Aufbau erkennbar, streuen die Samen von Milchlattich und Gänsedistel. Der Querschnitt ihrer Achäne liegt im Mikrobereich. Aber nicht geringer ist das Wunder, das die Natur bei Arnika ausbildet. Die Achäne ist gleichsam die höchste Frucht-Entwicklungsstufe in dieser höchst entwickelten Pflanzengruppe der Kompositen. Das innige Verwachsensein von Frucht- und Samenschale bedeutet eine vollkommene Durchdringung der Lebens- und Todesprozesse, Letztere bedingt durch die Verkieselung der Isolationsschicht, Erstere bedingt durch die Aufgabe, neues Leben zu entfalten.

Abb. 23: Eine Nacktschnecke labte sich an Arnika und «verkörpert» nun die Carotinoide und das Chlorophyll.

Zukunft – umschlossen vom Mantel des Todes

Der Mantel des Todes umschließt quasi lebenssichernd das Zukünftige. Die Pflanzenphänomene wollen uns lehren – diese Auffassung Goethes möchte ich teilen und mitteilen, denn sie löst aus der alten Vorstellung, dass Tod und Leben voneinander getrennt seien, und führt hinein in die Kontinuität des Wechsels und des Ineinanders von Lebens- und Todesprozessen. Allein dieses «Stirb und Werde» ermöglicht Bewusstseinsentwicklung.

Abb. 24: Arnika-Wiesen sind dank der unterirdischen Ausläufer so robust, dass ihnen die landenden Paraglider nicht dauerhaft schaden können.

«Könnten wir all die unbewussten Träume und Traumsplitter aneinanderreihen, so hätten wir die Kette unserer Inkarnationen vor Augen», sagt Assagioli von der individuellen Bewusstseinsentwicklung. Mir genügt oftmals das Eintauchen in die Pflanzenvorgänge, um diese tiefe Erfahrung zu machen und die Angst vor dem «Was wird? Was kommt?» zu lösen.

Immer wieder stelle ich mir die Frage, wie stark sich Leben und Lebens-

Abb. 25: In wenigen Wochen, oft schon im August, keimen die ersten Samen aus.

information verdichten lässt und gleichzeitig in höchster Bereitschaft zur Entfaltung vorhanden sein kann. Solche Fragen können sich bis in den atomaren Bereich erstrecken, wo nachweislich in der höchsten Verdichtung noch «leere» Räume vorhanden sind, in denen sich hochenergetische Bewegungsabläufe ereignen. – Und dann ist es einfach wieder schön, ein Arnika-Schirmchen im Fluge zu erhaschen, denn ohne zergliedern zu müssen, spüren wir die in ihm verborgene Kraft. Wie plump landet dagegen ein Mensch mit seinem Paraglider im Arnika-Feld und wieviel zerstört er, wenn er auf der Prachtwiese entlangschrubbt!

Zu welcher Jahreszeit auch immer, eine Arnika-Wiese betrete ich nur barfuß. Zu aller kraftstrotzenden Vitalität gilt es doch auch die sensiblen Seiten dieser Heilpflanze wahrzunehmen und zu respektieren. Dazu ist es unerlässlich zu wissen, dass dem ausdauernden Leben der Arnika besonders auf einer Spätsommerwiese Rechnung zu tragen ist. Vielfach wird Arnika als Frostkeimerin dargestellt, deren Samen der Winterruhe bedarf. Das ist aber nur bedingt richtig. Frische Arnika-Samen können unmittelbar nach dem Ausflug und ihrer Landung keimen. Sie nützen die verbleibenden Sonnenstunden zur Ausbildung einer winzigen Rosette. Und diese ist nun wirklich schonungsbe-

dürftig, um Fuß fassen und gedeihen zu können. Noch vor den dauerhaften Bodenfrösten zieht sie ein und speist, so klein sie ist, ihre feinsten Wurzelgebilde und Rhizom-Ansätze.

Abb. 26: Arnika im Wettlauf mit Bärwurz, Klappertopf, Klee und Gräsern um den Platz an der Sonne und auf der Erde.

In unmittelbarer Nähe der ausgedehnten Arnika-Flächen regen sich ebenfalls Jungsprosse, jedoch mit viel stärkerer Durchsetzungskraft, als wir dies bei den frisch Gekeimten erleben. Spüren wir mit den Fingern leicht in der Erde nach, so erkennen wir in diesen Sprossen oberirdische Triebe der jüngsten Rhizom-Ausläufer. Diese rein vegetative Vermehrungsform sichert ein drittes Mal das Weiterleben.

Mittlerin zwischen Himmel und Erde

Arnika erweist sich in diesem Verhalten als eine sehr der Erde verbundene Pflanze und gleichzeitig als Mittlerin zwischen Himmel und Erde. Auf jede Äußerung des unterirdischen Stauens folgt ein Aufstreben zum Licht, zur Luft, ein Verbinden mit dem Wässrigen, ein Anheben des Mineralischen auf die Stufe des Lebens, eine wellenförmige Kontinuität, wie es das Rhizom bei genauer Betrachtung widerspiegelt und wie wir es im Arzneimittelbild wiederfinden als Heilwirkung bei Stauchungen, Stauungen, Hämatomen, Blutungen, Varizen. Die tonisierende Wirkung tritt also auch optisch auf der Spätsommerwiese zutage.

27a

27c

27b

27d

Wolfskraft und Sensibilität

Als ob es nicht genug wäre, sich selbst und seine Sippe durchzubringen auf kargen Höhen und sich gegenüber dem Raubbau durch den Menschen durchzusetzen! Arnika bleibt nichts erspart. Wo immer sie auftritt, findet sie Pflanzen, die ihr den Lebensraum streitig machen, ganz gleich, ob sie es in Randmoorzonen versucht oder an Steilhängen. Ihr Leben ist eine Gratwanderung zwischen Kraft und Sensibilität.

Im «Modellprojekt Rohrhardsberg» liegt für Arnika eine neue Chance. Auf der Höhe der Europäischen Wasserscheide zwischen Donau und Rhein, nahe der Martinskapelle organisiert und überwacht das Landratsamt Schwarzwald-Baar die extensive Nutzung der Weideflächen, um die charakteristische Landschaft des Hohen Schwarzwaldes zu bewahren. Ein Neben- und Miteinander von Mensch und Natur soll durch Markierung der geschützten Flächen und Zugang zu den Blumenwiesen mit Heidekraut, Johanniskraut, Glockenblumen, Arnika, Kreuzblume ermöglicht werden.

Vom Lebenskampf der Arnika

Hier lässt sich der Lebenskampf der Arnika sowohl in ihrer natürlichen Pflanzengesellschaft als auch im Kampf mit künstlicher Düngung beobachten. Schnee, vor allem aber Frost oft bis in die späten Maitage bedingen wie in den alpinen Zonen eine lange Winterruhe. Nach den ersten intensiven Sonnenstunden «wirbelt» Grün auf. Es ist ein Scheinsieg, den Arnika in diesen Maiwochen gewinnt. Zartgliedrig in der Blattfiederung, doch wuchernd macht sich Bärwurz breit, *Meum athamanticum Jacq.*, die uns eingangs schon zusammen mit Arnika begegnete, da beide als Mutterwurz zu den «Hexenkräutern» zählten. Die Bärenkraft nimmt es mit der Wolfskraft auf! Heidelbeeren und Rauschbeeren, die Ericaceen-Riege, belauben sich, grenzen ein, rauben freie Sonnenplätze.

Arnika hätte ja die Möglichkeit, unterirdisch weiter zu wandern, doch da beginnt die Staunässe des Hochmoorschildes. Auch im Hochmoor herrschen harte Gesetze im Kampf ums Überleben. Nur ein schmaler Gürtel von etwa 3 auf 15 m verbleibt zwischen den von Kühen beweideten, lange Zeit auch mit Kunstdünger angereicherten Wiesen und der Sauererde-Zone des Moores. In diesen «ausweglosen» Situationen zeigt sich die Sensibilität von Arnika.

Abb. 27: Die Pflanzengesellschaft in der Grenzzone zum Hochmoor, der Heimat der Arnika. a) Scheuchzers Wollgras, Eriophorum scheuchzeri. b) Preiselbeere, Vaccinium vitis idaea. c) Heidekraut, Calluna vulgaris. d) Rausch- oder Trunkelbeere, Vaccinium uliginosum.

Dort, wo sie durch Kunstdünger wirklich einmal gänzlich vertrieben wurde, kehrt sie auf Jahrzehnte hinaus nicht mehr zurück. 1934 startete die Universität Bern auf Schweizer Alpweiden einen Düngungsversuch. Er basierte auf der Überlegung, dass die Alpweiden, die ein Viertel des Schweizer Territoriums ausmachten, intensiver genutzt werden könnten, um den Alpbauern eine Ertragssteigerung ihrer mühevollen Arbeit zu ermöglichen. Auf verschiedenen Parzellen wurde mit unterschiedlichen Düngungsstufen experimentiert. Die Folge war eine Vereinseitigung der Flora, denn die seltenen, milieu-empfindlichen Alpenkräuter und Alpenblumen, auch *Arnica montana*, verschwanden. Dieser «Nebeneffekt» war nicht beabsichtigt oder einkalku-

Abb. 28: Die Silberdistel, Carlina acaulis, Begleiterin der Arnika am Trockenhang.

liert worden. Selbst Jahre nach Beendigung der Düngung kehrten Arnika und andere sensible Arten nicht mehr zurück. So schlug auch ein Großversuch der Rekultivierung mit 10.000 Arnikapflanzen im Schwarzwald fehl.

Die Feinde: Kunstdünger, alkalische Böden und saures Milieu

Jede Art von Kunstdünger wirkt auf Arnika als lebensbedrohendes Gift. Sie flieht den Kalk wie die alkalischen Böden. Sie erträgt aber auch das stark saure Hochmoormilieu nicht und bedarf eines Gelände-Neigungswinkels von mindestens 3°, der übersäuernde Staunässe verhindert und einen ausreichenden Wasserabfluss garantiert. Diese Tatsache fand ich in mehreren Hochmoorgebieten bestätigt, z.B. auch im Bernauer Moor bei Menzenschwand. Arnika-Bestände finden sich stets im Grenzland zwischen Heidelbeeren, die vom Wald her vordringen, und Rauschbeeren, die sich vom Moor her ausbreiten. Der Grenzbereich des sauren Milieus, das heißt des für Arnika Zuträglichen, liegt bei einem PH-Wert von 5 bis 5,5, das heißt, Arnika hat ein gemäßigtes Säurebedürfnis und reagiert auf größere Schwankungen äußerst sensibel.

Dies war dem aufmerksamen Goethe auf seinen Wanderungen nicht entgangen, und er notierte 1817 in einem Aufsatz zur Geschichte seiner Botanischen Studien: «In vergnüglichem Erinnern mag ich noch gerne gedenken, mit wie frohem Erstaunen wir die Arnica montana nach erstiegener voigtländischer Bergeshöhe an sanften, sonnigen Abhängen feuchter, aber nicht sumpfiger Wiesen herrschend, ja wütend erblickten.»

Wird Arnika also während der frühsommerlichen Vegetationsperiode von Bärwurz und den Ericaceen fast erstickt, gibt ihr wenigstens die Mahd Ende Juli bis Mitte August für ihre dritte Vegetationsperiode eine neue Chance. So halten sich die Arnika-Bestände vielerorts mühsam am Leben, aber eine eigentliche Vermehrung und neuerliche Ausbreitung findet nicht statt. Natur-

Abb. 29: Der fleischfressende Sonnentau erbeutet auch kleine Raupen, hält sie mit seinen Honigtaudrüsen fest und verdaut sie.

schutz für Arnika müsste weit mehr sein als ein Pflückverbot, das die Problematik im Kern gar nicht trifft, wie wir später sehen werden.

Von einer sinnvollen Pflege der Arnika-Wiesen

Sie könnte vom BUND besser gepflegt werden, die Arnika-Wiese gegenüber seinem Haus, meint Bergbauer Armbruster. Arnika war für ihn das Heilmittel bei allen Verletzungen, allen Schmerzen, bis er die Schrauben brauchte, die heute seinen Rücken gerade halten, den Rücken, den der Bergbau gebeugt hat. Jahrzehntelang war er im Silber- und Kobaltabbau unter Tage, unter den Arnika-Wiesen. Seit dieser Zeit kann er selbst nicht mehr mit der Sense mähen und pflegen, und das schmerzt fast so wie die Schrauben im Rücken, denn jahrelang hat er sie gemäht, mit der Sense, in Abschnitten, das heißt immer im Rhythmus ihres Abblühens und Aussamens, die sich an einem Hang, der von Ost bis West besonnt wird, entsprechend zeitverzögert entwickeln. Mit großer Sorgfalt hat er ihren Lebensbereich bestellt, die Faulbaum-Büsche in Schach gehalten, die heute einen so großen Teil beschatten und die Arnika nicht mehr aufkommen lassen, weil die Abendsonne fehlt.

In der Tat ist diese Arnika-Wiese in der Nähe von Alpirsbach ein prächtiger Platz zum Gedeihen. Steilhanglage auf Urgestein. Reichlich Mineralien in dem schwach oberflächensauren Boden. Der Wasserabfluss ist garantiert, Moose halten jedoch auch bei extremer Sonneneinstrahlung und Trockenheit ausreichend Feuchtigkeit zurück.

Der Jahresertrag konnte sich sehen lassen in den Dreißiger- und Vierzigerjahren: 25 kg von dem relativ kleinen Areal. Bauer Armbruster hat pflichtgemäß abgeliefert an die «Braunen Schwestern», später an die Katholischen, bis Arnika unter Naturschutz gestellt wurde. Ein paar Handvoll genügten für den eigenen Bedarf. Es bedrückt ihn zu sehen, wie die Arnika heute kämpfen muss und wie sie schwindet, weil auch hier vom Waldrand her Erika und Heidelbee-

Abb. 30a: Arnika-Biotop im Schwarzwald.

Abb. 30b: Bauer Armbruster, der jahrelang eine Arnika-Wiese hegte und pflegte.

ren vordringen. Die vom BUND praktizierte Art von Naturschutz ist nicht alles. «Man muss mit mehr Überlegung und Gefühl vorgehen, die Wiese segmentweise in Abschnitten mähen und nicht auf einmal einfach drüber mit dem Motormäher», meint Bauer Armbruster. – Ich diskutiere mit ihm ein Projekt, das die Weleda AG in den Vogesen mit sichtbarem Erfolg durchführt.

Erste Versuche dazu wurden auf einer Arnika-Wiese bei Marzell im südlichen Schwarzwald unternommen. Vorsichtig wurden von manchen Pflanzen Blüte und Stängel inklusive zweier grundständiger Blätter und etwa 1 cm Rhizom geerntet, um daraus eine Tinktur zu gewinnen, die in der Apothekersprache und den Arzneimittelbüchern als «Arnica e planta tota» bezeichnet wird. Nach zwei bis drei Jahren fiel auf, dass die verbliebenen Wurzel- und Sprossteile im Folgejahr stärker austrieben als bei den Pflanzen, denen nichts entnommen worden war. Also musste das kurzsprossige Abdrehen der blühenden Pflanze einen Reiz auf das Kambium ausgeübt und zur Bildung eines neuen Rhizomabschnitts angeregt haben.

Naturschutz ist mehr als Pflückverbot!

Dieses Vorgehen widerspricht den Vorschriften des Naturschutzes und zeigt, wie fragwürdig diese werden, wenn sie nur von oberflächlichen Betrachtungen ausgehen und das Verhalten der Wesenheit Arnika, nämlich den Drang nach unterirdischer, vegetativer Vermehrung, unberücksichtigt lassen. Naturschutz kann also nicht im Aussprechen von Pflück- und Ernteverboten bestehen. Aktiver Artenschutz bedeutet vielmehr Studium des Wesens der Wildpflanzen und Pflege von Wildarealen oder Rekultivierung ursprünglicher Biotope, das heißt Rückführung in Kulturlandschaften mit extensiver Nutzung. Dies ist auch ein Anliegen der Weleda AG, die für spezielle Präparate

nicht auf Wildpflanzen verzichten kann, obgleich ihr größter Bedarf an Arnika-Blüten, Arnika-Rhizomen und vor allem der Planta tota durch großflächige Arnika-Kulturen gedeckt wird, wie wir sie beispielsweise in Hessen bei Staufenberg finden.

In den Höhenlagen zwischen 1200 und 1300 m dehnen sich in den Vogesen Arnika-Wiesen aus, denn auf der Grauwacke, die als gemilderter Granit bezeichnet werden kann, findet *Arnica montana* günstige Wachstumsbedingungen vor in Bezug auf Feuchtigkeit und Mineralisierung.

Abb. 31: Am leicht geneigten Wiesenhang fühlt sich Arnika wohl; doch das Vordringen der Büsche gefährdet – auch durch Schattenbildung – ihren Bestand.

Dort, wo der extreme Westwind, das heißt das raue Vogesenklima durch Lage und Waldschutz abgeschwächt wird, läuft in einem weitläufigen Gebirgsareal ein wissenschaftliches Arnika-Projekt der Universität Metz in Zusammenarbeit mit der Weleda AG. Voraussetzung für die langfristigen Studien war, dass das Land gepachtet wurde und ein verantwortungsbewusster Bauer gewonnen werden konnte, der das Gebiet gewissenhaft und biotopgerecht pflegt.

Die Kulturlandschaft der Chaumes

Die erste und wichtigste Maßnahme war das Abmähen der Ericaceen und die regelmäßige Beweidung ab Mitte August, so wie es in der ursprünglichen Kulturlandschaft der «Chaumes» erfolgt war. Baumbestände, die zu dicht gewuchert waren und die Arnika aufgrund des Sonnen- und Wärmemangels nicht mehr aufkommen ließen, wurden sinnvoll reguliert. Schon nach wenigen Jahren war eine deutliche Zunahme des Arnika-Bestandes zu dokumentieren. Die Blattrosetten nahmen an Umfang konsequent zu, wo sie nicht mehr durch die Ericaceen erstickt wurden. Die Ernte der Blüten und der Planta tota erfolgt mit großem Bedacht. Es wird höchstens jede fünfte Pflanze gepflückt, um einen großen Bestand an Samen zu erhalten, der dann von den weidenden

Abb. 32: Arnika, die Bescheidene, auf kargem Urgestein. Nur wer selbst Urgestein ist, kann sich so bescheiden.

Abb. 33: Das Gold der Vogesenhöhen: Gelber Enzian und Arnika so weit das Auge reicht.

Abb. 34: In allen Stadien ihrer Entwicklung zeigt Arnika Kraft und Sensibilität.

Rindern in die Erde getreten wird, wo er auf dem abgeweideten Grund alle günstigen Voraussetzungen zum raschen Auskeimen vorfindet.

Die Bemühungen sind von Erfolg gekrönt. Insgesamt gelingt es langfristig, den ursprünglichen Charakter der dort gemäßen «Chaumes» wieder herzustellen. Davon profitiert nicht nur die Arnika, sondern auch das Vogesenveilchen, eine liebreizende Frühlingsverkünderin. Ebenso profitieren die bedrohte Polygala, die zarte und unscheinbare Kreuzblume, die prachtvolle Staude des Gelben Enzians, Orchideen und alle durch Kunstdünger bisher vernichteten Pflanzen, deren Samen noch immer in der Erde schlummern und sich nun für die neue Chance durch Keimbereitschaft «bedanken». Arnika kann somit als Leitpflanze des Biotops betrachtet werden, denn in ihrem Schlepptau ersteht die alte Kulturlandschaft der «Chaumes» neu.

Neubelebung der gesamten Pflanzen- und Tierwelt

Eine Neubelebung erfährt dadurch auch die Tierwelt, die stets in Kommunikation mit der Pflanzenwelt lebt, allen voran die Welt der Schmetterlinge, Schwebfliegen, Wildbienen, Hummeln. Sie sind zurückgekehrt und laben sich an dem üppigen Nektar aus den Blüten des Gelben Enzian, der zusammen mit Arnika eine heilsame, ursprüngliche Landschaft wiederspiegelt.

Gegenüber diesem Schutzareal der Weleda AG liegt ein weit ausgedehntes Wintersportgelände mit Liftanlage, wo sich ebenfalls Arnika-Wiesen ausdehnen. Dort wird aus einem ganz anderen Grund regelmäßig gemäht. Auf höherem Grasbewuchs rutscht nämlich der Schnee leicht ab, der in den Wintermonaten mit dem Tourismus Geld hereinbringt. Diese Mahd schafft für die Arnika die Lichtbedingungen, durch die sie zur freudigen Vermehrung angeregt wird, und unbeschadet kann der Bestand beerntet werden.

Abb. 35: Vordringende Ericaceen, vor allem die Heidelbeere, gefährden vielerorts die ursprüngliche Kulturlandschaft, deren Leitpflanze Arnika war.

In all diesen Erfahrungen finden wir immer wieder die Erkenntnis bestätigt, dass Arnika durchaus eine sehr robuste, vermehrungsfreudige Pflanze ist, dass sie aber in ihrem Feinstoffwechsel mit höchster Sensibilität auf Störungen von Säuregrad, Licht- und Windeinfluss reagiert.

Herzwurmattacken

Nicht mit allen Insekten hat sich Arnika freundschaftlich verschwistert. Die Arnika-Fliege hält für ihre Larvenaufzucht die Röhrenblüten und das Zentrum des Blütenbodens für eine optimale Kinderstube. Bis zu fünf Maden ernähren sich üppig aus der Blütenmitte. Da diese jedoch ohnehin unfruchtbar ist, deformieren die Maden zwar das strahlende Sternengesicht, können jedoch die geschlechtliche Vermehrung der Arnika nicht unterbinden, denn die Zungenblütenkreise bleiben vom Fraß unberührt, wie die Arnika-Pflanze im Spätsommerstadium zeigt, wenn nur noch der Blütenboden stehenbleibt mit den Narben, die von den tiefsitzenden Achänen eingekerbt wurden. Wie mit dem Zirkel umrissen, gähnt in der Mitte, wo die Maden den Blütenboden durchfressen haben, ein kleines Loch. Welcher eigenstoffliche Schutzmechanismus bestimmt die unsichtbare Grenze zu dem fruchtbildenden Außenbezirk und verhindert die Grenzüberschreitung durch die Maden? Mit urtümlicher Wolfskraft übersteht Arnika selbst diese Herzwurmattacken!

Allerdings enthält die Arnika-Fliege nachweislich toxische Eiweißstoffe. Bei der Häufigkeit ihres Auftretens wäre zu untersuchen, inwieweit sie für die zunehmende allergische Reaktion vieler Menschen gegenüber Arnika-Zubereitungen verantwortlich ist. Da sie jedoch nur in höheren Lagen ab etwa 700 m fliegt, sind die tiefer liegenden Arnika-Kulturen, wie z.B. die in Hessen bei 330 Höhenmetern (siehe S. 73), nicht gefährdet und nicht befallen.

Engelblum und Teufelsabbiss

Engelblum und Teufelsabbiss – kürzer und prägnanter lässt sich die Spannung, die sich ober- und unterirdisch auf einer Arnika-Wiese aufbaut, nicht in Worte fassen. Wie aufschlussreich ist da eine abgeblühte Arnika-Wiese, wenn keine goldenen Sterne der Engelblum mehr den Wanderer von weither anlocken! Aber kann man eine Arnika-Wiese überhaupt noch als solche erkennen, wenn Arnika verblüht ist? Was gibt es denn da noch zu entdecken?

Welcher Teufel schafft hier Verwirrung?

Anfang August treiben bodennahe Blättergruppen aus. Hier vermeide ich den botanischen Ausdruck Blattrosette bewusst, denn die Gestik dieser Pflanze entbehrt der Klarheit, mit der Arnika ihr Basislager definiert. Drängt etwas nach oben, zieht sich etwas zurück? Ich fühle mich getäuscht, denn auf den ersten flüchtigen Blick hin ähneln die Blätter den wuchernden einjährigen Frühlingstrieben der Arnika. Doch das Grün leuchtet nicht. Stumpf wirkt die Farbe. Die Blattspreite lässt die markant hervortretenden Gefäßreihen vermissen.

Noch mehr Verwirrung stiften senkrecht aufsteigende, kahle Blütensprosse, die eine kräftige Endknospe und zwei tiefersitzende Folgeknospen in Gegenüberstellung emporsenden. Unverkennbar Arnika! Doch ermangelt ihnen die bewahrende Mütterlichkeit des Haar- und Drüsenpelzes. Welcher Teufel treibt hier Schabernack mit meinen botanischen Kenntnissen?

Gehen wir der Sache auf den Grund! In 3 cm Tiefe endet der Spross, verankert sich jedoch mit einem kreisrunden Wurzelsystem massiv in der Erde. Der Teufel hat ihn abgebissen, den Wurzelstock der *Succisa pratensis,* sagten die Kräuterfrauen einst und erkannten beim Graben nach dem Arnika-Rhizom, dass der Teufel sie mit den grünen Sprossteilen zwar auf die falsche Fährte gelockt hatte, sie ihn aber durch ihre genaue Beobachtung überführen konnten.

Mimikry

Bis heute finden wir in allen Pflanzenkunden den Namen Teufelsabbiss, offiziell *Succisa pratensis.* Was hat diese Pflanzenmaskerade mit Arnika zu tun? Täuschung durch Nachahmung ist keineswegs eine menschliche Erfindung. Die so genannte Mimikry gehört im Pflanzen- wie im Tierreich zum Alltag. Hummel-Bienenragwurz, unsere zartesten und kleinsten heimischen Bodenorchideen, ahmen mit ihrer Blüte diese Hemeropteren nach und locken zur Begattung; die Osterluzei lockt in duftende Sektkelche und stellt de facto Kesselfallen dar; Spannerraupen gleichen dürren Ästen und werden nicht gefressen. Auch Arnika wird nicht gefressen, denn gepaart mit dem appetitanregenden Frühlingsgrün serviert sie Bitterstoffe, klebrige Drüsenhaare mit – auf der Zunge – brennendem ätherischem Öl. Für uns Menschen heilsame Wirkstoffe. Doch Kühen, Ziegen, Schafen reicht der einmalige «Genuss», und sie meiden Arnika. – *Succisa pratensis* bildet dieses Abwehrsystem nicht aus, aber sie siedelt auf Arnika-Wiesen und imitiert Arnika so «teuflisch gekonnt», dass sich Tiere iritiert abwenden und sie verschonen.

Menschen aber bedienen sich dieses Maskenspiels und verfälschen das wertvolle Arnika-Rhizom mit dem kurzen unterirdischen Spross des Teufels-

abbiss, vor allem aber gibt das wertlose Wurzelwerk Gewicht im Handel mit der getrockneten Droge. Was dem Teufelsabbiss in der vom Menschen unberührten Natur zum Schutz gereichte, wird ihm in der Hand des Menschen zum Verhängnis. Auch der Teufelsabbiss ist dadurch bedroht und immer seltener in großen Beständen anzutreffen.

Abb. 36: Arnika ist zu rau für den zarten Kuhgaumen, aber die Kühe treten die durch Flug verbreiteten Arnika-Früchte in die Erde und tragen so zur Ausbreitung bei.

Der Schwindel tritt zutage.

Auf der Arnika-Wiese tritt der Schwindel erst zutage, wenn der Teufelsabbiss im August zu blühen beginnt. Die kugelig blau sich entfaltenden Blütenköpfe gehören botanisch nicht einmal zur Kompositenfamilie, sondern zu den Kardengewächsen, den *Dipsacaceen.* Witwenblume und Skabiose, aber auch die Kardendistel oder Weberkarde sind viel geläufigere Vertreterinnen dieser Gattung. In dieser Jahreszeit hat *Succisa* nun gar nichts Teuflisches an sich. Sie leuchtet in unverwechselbarem Blau in ihrer ganz eigenen Wesenheit und wird natürlich, was die Blütensammlung betrifft, verschont, was ihr die Chance zur geschlechtlichen Vermehrung durch Samen eröffnet. Oftmals reifen jedoch ihre Früchte nicht aus, da sich Herbstnebel und Kälteschwaden zu früh an die Schwarzwaldhänge heften.

Succisa pratensis, der Teufelsabbiss, Teufelsanbiss oder Teufelafbitt gehörte im ausgehenden Mittelalter zu den Bestandteilen der «Hexensalben». Dies deutet darauf hin, dass eine alte Heilwirkung bekannt war, ja, dass diese in dunkler Himmelsbläue erstrahlende Blütenpflanze wahrscheinlich zu den «heiligen Pflanzen» der Kelten zählte und deshalb vom Christentum «verteufelt» wurde, wie dies mit den so genannten heidnischen Bräuchen umfassend geschah, wenn sie nicht in die christliche Vorstellungswelt eingeschmolzen werden konnten. Es ist an der Zeit, all die «Teufelskräuter» wie Teufelskralle, Teufelsauge, Teufelsbeere, Teufelsdorn, Teufelshaar und viele mehr in den ihnen gebührenden Stand der göttlichen Geschöpfe zurückzuführen.

Abb. 37: Arnika in Blau? Die Gebärde des Teufelsabbiss gleicht der von Arnika; doch gehört diese Pflanze zu den Distelgewächsen.

Abb. 38: Wer täuscht wen?

Arnika in der Kulturgeschichte

Seit dem 11. Jahrhundert ist bezeugt, dass Arnika mit dem Wolf in Verbindung gebracht wurde, der in der Mythologie sowohl eine lichtvolle Gestalt als auch eine dunkle Todesmacht darstellt. Diese Doppelnatur kennzeichnet auch Arnika: Ihrer heilenden Kraft steht gegenüber, dass sie den Menschen in tiefe Existenzangst führen kann, wenn die rechte Dosierung nicht eingehalten wird.

Leuchtend orangegelb inmitten einer frühlingsgrünen Bergwiese strahlt Arnika von der Decke der kleinen Kirche im Kohlenbachtal bei Kollnau im Südschwarzwald. Als einzigartig hervorgehobene Pflanze begleitet sie den Guten Hirten. Es ist, als schütze Arnika auf diesem mit kindlicher Innigkeit und Schlichtheit gemalten Deckenmedaillon den Hirten, wie es ein Schutzengel auf alten Bildern tut, der Kinder, ohne sie zu berühren, über einen schmalen Steg geleitet. Für alle, die jemals einen lebensbedrohenden Unfall oder Notfall erlitten haben und durch die Heilkraft der Arnika gerettet wurden, bleibt sie zeitlebens die Engelblum. Ich bin mir sicher, dass der ungenannte Laienmaler dieses Deckenmedaillons die Heilkraft der Arnika selbst erfahren hatte.

Hirtenweisheit

Hirten leben in einer besonders nahen Verbindung zu den Urkräften der Natur, sei es zu den Sternen, die ihnen den Weg durch die Nacht weisen, sei es zu den Tieren, die ihnen anvertraut sind und deren Lebenszyklus sie unentwegt mit Geburt und Tod verbindet, sei es zu den Pflanzen, deren Wurzeln, Blätter, Blüten und Früchte ihnen oftmals Nahrung oder Nahrungsergänzung und Heilkräuter sind. Sie leben nicht nur «auf dem freien Feld», sondern lassen sich auf die «morphogenetischen Felder», das heißt die Felder kosmisch und irdisch wirkender Kräfte in kontemplativer, meditativer Art und Weise ein. Eine Ahnung dieses Einsseins durchweht mich, wenn ich an meine Kindheit zurückdenke oder an den Aufenthalt im chilenischen Bergurwald, wo ich auf den ersten Wanderungen alle fünf Schritte nach allen Seiten und mit allen Sinnen Witterung aufnahm, jedoch nach sechs Wochen auf einem

Abb. 39: Um Johanni durchflutet der stärkste Lichtimpuls die ganze Wesenheit Arnika.

morschen Baumstamm, der über einen Fluss führte, schlief und zugleich so hellwach war wie ein Tier, das immer sprungbereit auf der Hut ist.

Wesenhafte Verbundenheit mit den Naturereignissen und den Naturkräften, den Elementarwesen, machte die Hirten zu Heilkundigen, Wissenden, ja Weisen und sicherlich tief religiösen Menschen. So blieb es nicht aus, dass sie den Pflanzen Namen gaben, die ihrer Beobachtung und ihrem Sprachgebrauch entstammen. Hirtentäschelkraut, Igelkolben, Hirschzunge, Hasenohr, aber auch Blutwurz, Gliedkraut, Augentrost – alle diese treffsicheren Bezeichnungen setzen ein langes, tiefes Vertrautsein mit Tier und Pflanze voraus, eine genaue Kenntnis von Zeichen, von Signaturen, die auf eine Beziehung zum Menschen hinweisen.

Hirten früherer Zeiten waren vor allem Hüter und Beschützer ihrer Herden. Den Verlauf von Pfaden und Steigen zu erkunden oder in den Zerklüftungen und Verwerfungen der Berge neue Wege und Weidegründe zu erschließen, gehörte ebenso zu ihrem Alltag wie das Lesen der Wildlosungen in endlosen Wäldern, um die Herde rechtzeitig vor Bären und Wölfen in Sicherheit zu bringen. Verhalten und Charaktereigenschaften der wilden Tiere genauestens zu kennen, bedeutete Überlebenschance für Hirte und Herde.

Doppelaspekt der Wolfsnatur – und der Arnika

Mündliche Überlieferungen bergen viel Wahres, aber auch oft Phantastisches, weil sie von Generation zu Generation mit neuen Erfahrungen, Informationen und abenteuerlichen Ausschmückungen angereichert wurden. Daher ist es nicht verwunderlich, dass z.B. der Wolf sehr unterschiedlich dargestellt wird, einerseits als reißendes, verschlingendes, andererseits als mütterlich nährendes Tier. Die Pflanzennamen *Wolfsmilch* und *Wolfstrapp* spiegeln beide Aspekte, die uns auch vom Wolf aus Märchen und Mythen bekannt sind.

Seit dem 11. Jahrhundert steht nachweislich der Name der Pflanze, die wir heute botanisch als *Arnica montana* bezeichnen, mit dem Wolf in Verbindung. Das mittelhochdeutsche *wolveslih* wird in der Literatur immer wieder als der älteste schriftlich aufgezeichnete Name angegeben. Um den Zusammenhang der heilenden Kraft der Arnika mit der Wolfskraft herstellen zu können, wollen wir uns zunächst die Rolle vergegenwärtigen, die der Wolf in Märchen und Mythen spielt.

Der Wolf durchstreift auch bei Nacht die Wälder, denn sein Gesichtssinn ist vortrefflich. So galt er in Griechenland als lichthafter Begleiter des Apollon in der Gestalt des Apollon Lykios. In China und der Mongolei tritt er als Wächter des Himmelspalastes oder als himmlischer Ahnvater auf. Die legendäre kapitolinische Wölfin säugte die ausgesetzten Zwillinge Romulus und Remus und wurde zum Inbegriff der nährenden Wolfskraft.

Mit Kreide und Weißmehl übertüncht der Wolf im Märchen der Brüder Grimm raue Stimme und dunkle Pfote, um die mütterliche Geiß vorzutäuschen. Einen Scheinsieg trägt er gegenüber den «vermenschlichten» Geißlein und – im Märchen vom Rotkäppchen – gegenüber dem Menschen, der Großmutter, davon, jedoch unterliegt er im Tierreich dem noch listigeren Fuchs. Im keltischen und germanischen Kulturbereich verkörpert er die dunkle Macht.

Jedweder innere Reife- und Entwicklungsprozess führt zur bewussten oder unbewussten Begegnung mit der Dunkelheit, für die der dunkle Wald, die Höhle, der Brunnen, der dunkle See vertraute Metaphern sind. Ohne Durchgang durch die Dunkelheit, die Leibeshöhle des Wolfes, gibt es kein eigenständiges Dasein. Ob im Kindesalter und an der Schwelle zum jungen Mädchen (Rotkäppchen) oder an der Schwelle zum Tod (Großmutter), Entwicklungs-, das heißt Heilungsprozesse führen stets durch dunkle Höhlen, perinatale Stadien, Wälder von Tod und Wiedergeburt, geheimnisvolle Bereiche, heilige Haine, Orte der Abgeschiedenheit und der Gefahren, Regionen des Unbewussten und der Träume. Dort lebt der Wolf, dort wächst aber auch die lichtvolle Arnika. Vergessen wir nicht, dass Arnika gerade dort heilend eingesetzt wird, wo der Entwicklungsschritt vom Kind zur jungen Frau sich auf der natürlichen Ebene vollzieht, bei der Menstruation. Sie hilft gegen das Ausbleiben der Menses, die im Märchen bildhaft im Roten Käppchen gespiegelt wird.

Aus dem 4. Jahrhundert stammt eine mit Korallen eingelegte Schnabelkanne von Basse-Yutz, die den Wolf als den großen Verschlinger zeigt. Spitzohrig, überschlank (ausgehungert?), mit zwei Wolfsjungen, versucht er eine Ente zu verschlingen, doch sein Unterkiefer ist durch eine Kette an den Deckel der Kanne gefesselt. Sinnbildhaft verschlingt in der keltischen Mythologie die Dunkelkraft des Wolfes das Helle; der Wolf verkörpert die Kraft, die das Leben auslöschen, vernichten möchte. Auch Krankheit wird als Bedrohung des Lebens empfunden, und eine Heilpflanze, die solch eine Bedrohung abwenden kann, muss wohl ebenfalls Dunkelkräfte in sich tragen, die sich mit dem Wolf messen, ihn bezwingen können, mitunter sogar ihn zu verwandeln vermögen und damit in eine höhere Seinsform aufsteigen lassen.

Cernunnos – der Gott in der Mitte

Zwischen Todes- und Lebenskraft steht aber noch eine dritte Macht. Dies zeigt uns bildhaft die Cernunnos-Gruppe auf dem weltberühmten Kessel von Gundestrup im Nationalmuseum von Kopenhagen. Der Wolf links, die Vernichtungskraft, giert nach dem Hirsch rechts. Der Hirsch steht für Leben, oft auch für die Quelle lebendigen Wassers. Der Gott in der Mitte, der Cernunnos oder Kernunnos – eine gehörnte Männergestalt, welche die Wandlungsfähigkeit auf dem keltischen Einweihungsweg verkörpert – schützt, gleicht aus zwischen Lebens- und Todeskräften. Hier trägt er eine hautenge Bekleidung, die an Pflanzenstrukturen erinnert, an die Parallelnerven, wie wir sie in den Blättern der Arnika, aber auch bei allen Monokotyledonen, den Einkeimblättrigen, finden. Auffallend binden Pflanzenblätter und Blüten das ganze geschilderte Geschehen auf dem Kessel zusammen: Zeichen starker, sich gegenseitig durchdringender Kräfte, die den heutigen Betrachter in die Metamorphose einbeziehen.

Diese Fürstenkessel waren weit mehr als überdimensionale Kochgeschirre. Seit der Eisenzeit werden sie von keltischen Stammeshäuptlingen als Kultkessel gebraucht und sind oftmals den Göttern geweiht. «Der Kessel steht wie eine Schwitzhütte bei den Indianern und anderen Naturvölkern für den uni-

Abb. 40: Arnika-Kultur bei Stauffenberg in Hessen: Tonschieferhaltiger Boden sowie schützende Hecken und Wälder ermöglichen Arnika ein nahezu authentisches Biotop.

Abb. 41: Arnika zählt zu den ältesten Heilpflanzen, die in solchen Apotheker-Kräuterkammern getrocknet wurden.

versalen Mutterschoß, der alles Verbrauchte, Missratene und Kranke wieder aufnimmt, es heilt und erneuert», schreibt der Kulturanthropologe Wolf Dieter Storl 1997. Dem irischen Heilgott Diancecht wird ein riesiger Heilkessel zugeschrieben, der als «See der Heilpflanzen» bekannt wurde. Das Kultbad, das heilende Kräuterbad oder das Bad in Seen und Flüssen zu bestimmten Jahreszeiten dienten niemals nur der äußerlichen Reinigung, sondern lösten einen Verwandlungs- oder gar Entwicklungsschritt aus.

Verwandlungen von Pflanzen, Tieren und Menschen gehören zum Sagen- und Mythenbereich vieler Völker, so auch der Inselkelten, die uns im Zusammenhang mit dem Wolf, einem Tier der Nordhemisphäre, und der Arnika, einer Pflanze dieser Region, die bei Tabernaemontanus als *Nardus Celtica altera* bezeichnet wurde, besonders interessieren. Cernunnos trägt gleichzeitig Pflanzen-, Tier- und Menschengestalt, das heißt, Übersinnliches und Irdisches vereinen sich. Der schamanistische Heilungsweg vollzieht diese Synthese im Positiven nach. Es existieren aber auch Täuschungen, beispielsweise der Wolf im Schafspelz, die erkannt werden müssen, will man vom Dunkel ins Licht gelangen.

Die Vorstellungen vom Wolf als ambivalentem Sinnbild mit wild-teuflischen und lichthaft nährenden Aspekten vereinfachen die Antwort nicht, die wir auf die Frage erhofften, welche Aussage über die Heilkraft sich in den vielfach abgewandelten volkstümlichen Namen von *wolveslih* bis *Bergwohlverleih* verbirgt. Franz-Christian Czygan von der Universität Würzburg regt in dem bereits erwähnten «Kulturhistorischen Porträt der Arnika» an, doch weiterhin die volksetymologische Deutung des Namens Bergwohlverleih als «Wohl vor

leydt», das heißt im Sinne einer *herba salvatoria,* sowie die wissenschaftlich dokumentierten Ableitungen aus dem Wortstamm *wolf* auf ihre Gültigkeit hin zu prüfen.

Abb. 42: Retorten zur Gewinnung von Pflanzendestillaten (Apotheken-Museum Heidelberg).

Hier möchte ich darauf hinweisen, dass wir nach vielen Jahrhunderten der Ablehnung «schamanistischer» Prozesse als Teil des Heilungsweges heute am Beginn eines neuen Synthese-Geschehens stehen. Es geht nicht darum, die moderne Naturwissenschaft durch die Erweckung der alten Mythologie und die automatische Übernahme von Ritualen zu ersetzen, sondern durch ein exaktes Studium all der wertvollen, weltweit von Naturvölkern praktizierten Heilungswege diese Wissensschätze und Weisheitswege mit unserem Denken und unserem heutigen Bewusstsein zu überprüfen. Unter diesen Aspekten fällt es mir leicht, Arnika sowohl als *Berg-Wohl-Verleih* wie auch als *Wolf's Bane,* Wolfsbann, anzunehmen, denn in beiden Nomen steckt für mich ein spirituelles Omen, was letztendlich entscheidend für den Heilungsweg ist.

Die sechs Schwäne

Es war mir nicht möglich, ein Volksmärchen ausfindig zu machen, in dem *wolverlih* oder Arnika ausdrücklich genannt werden und eine Rolle spielen wie in anderen Märchen Lilie, Rose, Bohne oder Erbse. Vielleicht sind die Sternenblumen in dem Märchen *Die sechs Schwäne,* das einen langen Erlösungsweg schildert, Arnika-Blüten. Sie bewirken den Gegenzauber gegen alle Verwünschungen und die Unterbindung der Persönlichkeitsentwicklung, wie sie das Verzaubern von Menschen in Tierwesen darstellt. Doch ohne die Verbindung zum Menschen sind auch die Sternenblumen bedeutungslos. Erst durch das Pflücken und das Verarbeiten zu Sternenblumenhemden wird die Heil- und

Zauberkraft der Pflanzen wirksam. Das zeugt davon, dass Pflanze und Mensch sich gegenseitig durchdringen müssen, sollen die schlummernden Heilkräfte freigesetzt werden.

Das Auffinden der Sternenblumen und ihre Zauberkraft legen nahe, dass es sich um Arnika handelt, denn keine andere Blume wirkt wie herabgefallene Sterne, wenn man aus dem Waldesdunkel auf eine Lichtung tritt. Hinzu kommt, dass sich der Name Sternenblume unter den eingangs aufgeführten Namenvariationen findet.

«Das Mädchen aber fasste den Entschluss, seine Brüder [die in Schwäne verwandelt worden waren] zu erlösen, und wenn es auch sein Leben kostete. Es verließ die Wildhütte, ging mitten in den Wald und setzte sich auf einen Baum und brachte da die Nacht zu. Am andern Morgen ging es aus, sammelte Sternblumen und fing an zu nähen.» Die Aufgabe des Mädchens ist es nun, sechs Jahre lang zu schweigen und sechs Hemdchen aus Sternenblumen zu nähen, um die Brüder aus ihrem Schwanendasein zu erlösen. Doch immer wieder versuchen böse Mächte, sie zu vernichten, bis sie schließlich ihr Leben auf dem Scheiterhaufen beenden soll. «Als sie nun zum Scheiterhaufen geführt wurde, legte sie die sechs Hemden auf ihren Arm, und als sie oben stand und das Feuer eben sollte angezündet werden, so schaute sie sich um, da kamen sechs Schwäne durch die Luft dahergezogen. Da sah sie, dass ihre Erlösung nahte, und ihr Herz regte sich in Freude. Die Schwäne rauschten zu ihr her und senkten sich herab, sodass sie ihnen die Hemden überwerfen konnte. Und wie sie davon berührt wurden, fielen die Schwanenhäute ab, und ihre Brüder standen leibhaftig vor ihr und waren frisch und schön.»

Die Sternenblume wird in diesem Märchen zur Zauberblume, weil das Mädchen den Heilungs-, Verwandlungs- und Reifungsweg konsequent befolgt. Als Seelenblume stärkt Arnika Mut und Durchhaltevermögen und führt durch die letzte große Todesangst hindurch.

Hilfe in Todesangst

Das war Goethe bei seinen botanischen Studien nicht entgangen. Der greise Goethe, der unter Angina pectoris-Anfällen litt, trank stets eine Tasse heißen Arnika-Tee. In den Aufzeichnungen von Eckermann finden wir unter dem 24. Februar 1823: «Der heutige Tag war in Bezug auf Goethe noch sehr beunruhigend, indem diesen Mittag die Besserung nicht erfolgte wie gestern. In einem Anfall von Schwäche sagte er zu seiner Schwiegertochter: ‹Ich fühle, dass der Moment gekommen, wo in mir der Kampf zwischen Leben und Tod beginnt.›»

Bevor wir Eckermann weiter hören, möchte ich aus den Arzneimittelbildern von James Tyler Kent zitieren: «Der Arnika-Patient fährt nachts auf, greift nach dem Herzen, hat alle Anzeichen großen Entsetzens, fürchtet, dass etwas Schreckliches geschehen wird. Er glaubt, plötzlich sterben zu müssen und ist voll tödlicher Angst. Tagsüber geht es ihm ziemlich gut, aber die Situation der Angst wiederholt sich Nacht für Nacht.» Ob im Märchen oder im realen Geschehen, ob durch Zauber oder Krankheit, immer aufs Neue wird der Mensch auf dem Weg der Initiation Dunkelheit und tiefer Existenzangst ausgesetzt. In ihrer unnachahmlichen lichtvollen Gestalt wird Arnika zu der großen Begleiterin der Menschen durch Existenzkrisen bis an die Schwelle des Todes.

Gratwanderung der Dosierung

Goethe wusste um die Kraft des Arnika-Trunks, aber auch um die Gratwanderung der Dosierung. So heißt es wenig später bei Eckermann: «‹Ihr seid zu furchtsam mit Euren Mitteln›, sagte er zu Rehbein, ‹Ihr schonet mich zu sehr! Wenn man einen Kranken vor sich hat, wie ich es bin, so muss man ein wenig napoleontisch mit ihm zu Werke gehen.›» Trotz seiner Herzattacken fühlte Goethe etwas in sich, das der Kraft des Urgesteins gleicht, und immer wieder vertraute er auf das «pflanzliche Urgestein» Arnika. «Er trank darauf eine Tasse eines Dekokts von Arnika, welche gestern, im gefährlichsten Moment von Huschke angewendet, die glückliche Krisis bewirkt hatte. Goethe machte eine graziöse Beschreibung dieser Pflanze und erhob ihre energischen Wirkungen in den Himmel.» Jahre danach reichte man dem sterbenden Goethe die Arnika zum letzten Mal.

Wenn der Kulturanthropologe und Ethnobotaniker Wolf Dieter Storl von Pflanzenengeln spricht und wir die geschilderten Erfahrungen ernst nehmen, dann aktualisiert sich der Name Engelblume für Arnika. Was in Gestik, Anatomie und Physiologie einer Pflanze zutage tritt, ist letztendlich Ausdruck der Engelskräfte, die in der Begegnung von Pflanze und Mensch heilsam wirken können. Hier handelt es sich nicht um Begegnungen mit Phantasiegespinsten, sondern mit mächtigen Wesenheiten, die sich in Energiefeldern manifestieren, den morphogenetischen Feldern, wie sie der Molekularbiologe Sheldrake nennt. Die Gefahren, die ein Überschreiten des für den Menschen zuträglichen Maßes auslöst, kennen wir aus der Arzneimittel- und Giftlehre.

Liebeszauber

Auch in der Arnika können wir solchen lebensgefährlichen Kräften begegnen. Wiederum taucht der «Wolf im Walde» auf. Diesmal lockt er Rotkäppchen zum Blumenpflücken in den Wald. Und Rotkäppchen pflückt so viele Blumen, als es nur tragen kann! Das Pflücken von Blumen gilt als metaphorische Umschreibung für erotische Vorgänge. Arnika war im Gebrauch der Menschen nicht nur Heilpflanze, sondern wurde auch als Liebeszauber benutzt. Sie galt in vielen Gegenden als Aphrodisiakum, aber auch als Abortivum. Ihre die Nerven stimulierende Wirkung ist nachweislich, weshalb ihre Dosierung bei Erschöpfung und Herzschwäche sehr wohl bedacht sein muss.

Abwehr böser Geister

In Oberfranken und in der Rhön wehrte man mit der am Johannisabend gepflückten Arnika in besonders erfolgreicher Weise böse Geister ab. Czygan stellt daher die Frage, «ob diese den bösen Blick unwirksam machende Eigenschaft, die Arnika gemeinsam mit dem um Johanni blühenden *Hypericum perforatum* hat, dafür verantwortlich ist, dass Arnika auf keinem uns bekannten Altarbild des Mittelalters oder der beginnenden Neuzeit zu finden ist. Ist Arnika ähnlich wie das im Rahmen des Exorzismus eingesetzte Johanniskraut oder die als Abortivum genutzte Raute *(Ruta graveolens)* eine Art Negativ-Heilpflanze, die auf christlichen Bildern nicht oder nur sehr selten dargestellt wurde?»

Von der Herkunft des Namens

Ende des 16. Jahrhunderts wurde Arnika in die wissenschaftliche Literatur aufgenommen, und zwar noch unter ihren alt- und mittelhochdeutschen Wolfs-Namen. Erst im 17. Jahrhundert taucht der Name Arnika auf, wahrscheinlich als Verstümmelung des griechischen Wortes *ptarmike,* Nieswurz. Tatsächlich erregt der Staub der gepulverten Pflanze heftiges Niesen. Aus der Nürnberger Gegend stammt der volkstümliche Name *Schnupftabaksbleum* für Arnika. 1678 preist sie der Schweinfurter Arzt Johann Michael Fehr ebenfalls als die Nase reinigendes Schnupf- und Niespulver an. Auch in England wurde Arnika als *Mountain tobacco* gehandelt, aber auch, wie bereits erwähnt, als *Wolf's Bane*. Der Gebrauch von Arnika als *tobacco di montagna* war in Italien ebenso bekannt wie der Vogesen- oder Alpentabak in Frankreich und *tabac de muntanya* in Katalonien, während in Castellano *estornudadera,* in Gallego *quina dos pobres*, in Vasco *usin-belar* gebräuchliche Handelsnamen sind.

Parviz Maghani, der über die Pflanzen der Ardèche gearbeitet hat, bedauerte, dass von der *herbe aux chutes* nur zwei Tonnen pro Jahr geliefert werden können, wo doch etwa 20 Tonnen erforderlich wären.

Die Vielfalt der Namen lässt Rückschlüsse zu auf die Bedeutung dieser Heilpflanze in den Gegenden, in denen sie vorkommt. Es ist schwerlich zu entscheiden, ob Arnika, als Schnupftabak genossen, unter Heilpflanzen oder eher unter Genuss- und Nutzpflanzen anzusiedeln ist. Zweifelsohne stieg der Bedarf an Arnika-Rhizomen, Blüten und ganzen Pflanzen im Laufe der Jahrhunderte immer stärker an, je mehr die Heilkraft erkannt wurde.

Abb. 43: Um eine Selbstbestäubung zu verhindern, erscheinen die männlichen Staubblätter und die weiblichen Narbenblätter zeitlich nacheinander.

Goethe notierte einmal: «Seit einigen Jahren verschwinden Pflanzen aus der Gegend, wo ich wohne, die sonst häufig da waren, zum Beispiel Gentiana ciliata, Verbena europäa, Pinguicula vulgaris. ... Ich sehe doch nicht, dass Arnika fehlt, von der man jährlich einen Pferdekarren voll sammelt und in Apotheken bringt.» Zwei Jahrhunderte später ist man zur Deckung solcher Mengen auf Arnika-Kulturen angewiesen. Sie können allerdings nur an Orten mit geeigneten klimatischen und Bodenvoraussetzungen entstehen.

Die Ziele des Artenschutzes werden inzwischen weltweit durch Briefmarken-Editionen von Heilpflanzenmotiven bekannt gemacht. Schon 1949 erschien in Belgien eine 20+5 Centimes-Marke mit Arnika, und 1965 war sie in der Tschechoslowakei Teil einer 9-fachen Serie mit Arzneipflanzen. Damit wird sie auch in Bevölkerungskreisen bekannt, die vielleicht von ihrer Bedeutung noch nichts wussten.

Arnika in der Heilpflanzenkultur

Der Anbau von Arnika-Kulturen ist unerlässlich, um den Bedarf zu decken; doch reicht die Qualität nicht an die der wildwachsenden Pflanzen heran.

Erinnern wir uns daran, mit wieviel Durchsetzungskraft Arnika extreme Bergzonen besiedelt, so könnte es scheinen, dass ihr Anbau keine großen Schwierigkeiten bereitet. Andererseits zeigte sie sich jedoch höchst sensibel, was den Säuregrad des Bodens betrifft. Und so ist es in Wirklichkeit nicht einfach, geeignete Anbaugebiete für Arnika ausfindig zu machen und eine mehrjährige Kultur erfolgreich zu halten. Prof. Heeger berichtet über Erfolge mit *Arnica montana* auf Waldkahlschlägen von Mischwald, während Nadelwald zu nährstoffarme Böden liefert. Das weitläufig umgebende Waldgebiet sorgt für ein ausgeglichenes Klima, gewährt Wind- und Wärmeschutz bei ausreichender Sonneneinstrahlung, begrenzt die Austrocknung durch Schaffung einer gemäßigten Feuchtigkeitszone.

Auf den schieferhaltigen Flieschböden im hessischen Vogelsberggebiet finden sich ausgezeichnete Bedingungen. Weithin leuchten im Mai blühende Arnika-Felder, eingerahmt von gemischtem Buschwerk aus Holunder, Weißdorn und Schlehen als Windschutz, wobei die gesamte Hochfläche von Wäldern umrahmt wird. Erstaunlicherweise weist der Kompass nur 300 Höhenmeter auf, für *Arnica montana,* das Bergwolferley, eher eine Niederung. Die Blütenkörbe überraschen durch ihre stattliche Größe von 6 bis 7 cm Durchmesser und weisen keinerlei Schädlingsbefall durch die Arnika-Fliege auf.

Die Blüten strahlen jedoch nicht den intensiven Goldton aus, der uns von den Höhen des Schwarzwalds, der Vogesen oder Schweizer Alpweiden zuwinkt. Ihr Gelb deutet schwach ins Grünliche. Bei näherer Betrachtung ist eine Unruhe im Feld nicht zu übersehen, während die Wildarnika-Wiesen eher Weite und Stille verströmen. Das wundert nicht, wenn wir im Gespräch mit dem Heilpflanzenanbauer erfahren, dass zur Aufzucht zwölf Samen in

***Abb. 44:** Wenn Arnika in Kultur wächst, bildet sie auffallend große Blütenkörbe aus.*

einem kleinen Topf ausgebracht werden, von denen regelmäßig zwar nur sechs aufkeimen, die sich aber binnen weniger Wochen zu einem Pflanzenhorst verdichten, der alsbald in Reihen ausgepflanzt wird. Ab dem zweiten Jahr wirken die Reihen geschlossen. Während an der Außenseite der Kleingruppen die Möglichkeit zur Entfaltung eines Rhizom-Netzes besteht, wird die Entfaltung im Zentrum des Horstes durch Platzmangel gehemmt. Dafür kommt es zur Vielblütigkeit, was kurzfristig hohe Erträge bringt, langfristig aber die Kultur schwächt. So muss sie alle vier bis sechs Jahre erneuert werden.

Kultur- und Wildpflanze im Vergleich

Zweifelsohne ist diese Art von Kultur notwendig, um den großen Bedarf an Arnika-Blüten und der ganzen Pflanze (Arnica, Planta tota) zu decken und um die dezimierten Wildvorkommen zu schonen. Diese kontrollierten und konstant nach den Erkenntnissen des biologischen Anbaus bewirtschafteten Lagen liefern standardisierte Teedrogen, was die Inhaltsstoffe und deren Quantität betrifft, aber der Charakter der Wildpflanze mit ihrer stärkeren Individualität ist geschwächt. Ich kann mir deshalb kaum vorstellen, dass die energetische Wirkung der Arnika-Zubereitungen aus dergleichen Kulturen ebenso urkräftig ist wie die Wirkung der Extrakte, die aus Wildkulturen gewonnen wurden. Somit erweist sich die Anlage und Pflege von Wildstandorten doppelt notwendig. Zum einen regenerieren sie die alten Kulturlandschaften und ermöglichen die Erhaltung eines gesunden Kleinklimas, zum anderen kommen wir in den Genuss der vollen, ursprünglichen Heilkraft.

Einige Unterarten

Pharmazeutisch erlaubt finden wir in Pharmakopöen und als Kulturpflanze neben *Arnica montana* auch die Nordamerikanische Wiesenarnika, *Arnica chamissonis subspecies foliosa.* Sie gedeiht auch auf nährstoffarmen Moorböden, unterscheidet sich im Aussehen jedoch deutlich von unserer *Arnica montana.* In ihrem gesamten Erscheinungsbild wirkt sie zartgliedriger. Ihr Blütenspross verzweigt sich zu einer lockeren Scheindolde mit gelben Blüten, die kaum die Größe eines Zweimarkstückes erreichen. An Inhaltsstoffen enthält sie Dihydroxyderivate des Helenalins, während die mitteleuropäischen Blüten Ester des Helenalins enthalten.

Während auf der Südhalbkugel allgemein keine ursprüngliche Verbreitung von Arnika nachgewiesen werden konnte, gibt es ein Teilareal auf Feuerland, an der südlichsten Spitze von Chile, das von *Arnica alpina* bevölkert wird.

Abb 45: Die nordamerikanische Wiesenarnika wurde nach dem Dichter Adalbert von Chamisso, der zugleich ein Naturforscher war, Arnica chamissonis getauft.

Im Handel treten Fälschungen auf durch *Heterotheca inuloides,* die mexikanische Arnika, die noch kleinere Zungenblüten aufweist und deren Früchte winzige Achänen bilden.

Nicht zuletzt versuchen Händler immer wieder unter die getrockneten Blüten der kostbaren Arnika Zungenblüten der billigeren Calendula zu mischen. Beide von uns als wertvoll erkannte Heilpflanzen unterscheiden sich im Arzneimittelbild und in ihrer pharmazeutischen Wirkung beträchtlich und sollten niemals willkürlich gemischt oder gar vertauscht werden.

Arnika, die große Heilerin

Vielerlei Zubereitungsformen ermöglichen ein breites innerliches und äußerliches Anwendungsgebiet der Arnika. Sie wird damit zu einer Heilerin, die oft auch dort noch helfen kann, wo andere Mittel versagt haben. Indem sie die dunklen Tiefen des Wurzellabyrinths mit der lichten Klarheit von Spross und Blüte verbindet, wirkt sie harmonisierend und stärkend auf die Mitte des Menschen.

Flores arnicae, Arnika-Blüten • Die Verwendung von «Planta tota» • Rhizom und Wurzel in der Homöopathie • Das Arzneimittelbild von Arnika

«Arnika ist ein richtiges Hausmittel auch im entlegensten Bergbauernhaus, da es ja nicht nur für den Menschen, sondern auch für das Hausvieh anwendbar ist», lesen wir in einem alten Kräuterbuch.

Altbekannte Augensalbe

1940 fanden Archäologen bei Ausgrabungen im Kölner Raum eine Augensalbe, die sie in die Römerzeit zurückdatierten. Bei der Analyse der Inhaltsstoffe stießen sie auf Arnika-Bestandteile. Offensichtlich war vor zweitausend Jahren die Aufbereitung dieser Pflanze in der Nordhemisphäre durchaus bekannt. Wenn wir im Folgenden die Wirkungsspektren der Arnika auf dem Gebiet der Durchblutung und ihren starken Bezug zum Nerven-Sinnes-System herausarbeiten, können wir sehr wohl Rückschlüsse ziehen auf ihre Wertschätzung als Heilmittel für das Sinnesorgan Auge.

Gerade weil Arnika zum langgehegten Haus-Arzneimittelschatz gehört und das Anwendungsspektrum fast unübersehbar geworden ist, die Überlieferungen aber in der heutigen Literatur oft ungenau sind, finde ich es bei dieser Pflanze besonders wichtig, darauf hinzuweisen, dass die Heil- oder Giftwirkung in starkem Maße von der Dosierung abhängt. Arnika ist eben nicht nur die lichte, liebreizende Bergblume, sondern auch die «schlummernde Wolfskraft». Beides kann zur Genesung eines Kranken nutzbar ge-

Abb. 46: Zentriert, dynamisch, «selbstbewusst» lässt Arnika ihre stärkende Wirkung auf die seelische Mitte des Menschen erahnen.

macht werden – vorausgesetzt dass die Auswahl bestimmter Pflanzenteile sorgfältig erfolgt und die rechte Menge genau eingehalten wird.

Aus alten Kräuterbüchern

«Das getrocknete und zu Pulver zerstoßene Kraut wird dem Vieh eingegeben, wenn es sich fressunlustig zeigt oder zu Koliken neigt.»

«Die Wurzel, fein gestoßen und gepulvert, davon 4 bis 8 Gramm in einem Glas Wein verrührt, getrunken, stillt das Bauchgrimmen und die Rote Ruhr.»

«15 bis 20 Tropfen der Tinktur in Wasser ein bis zweimal eingenommen, stärkt die Kehlkopfmuskulatur bei Übermüdung.»

«Die Blutblume zertreibet kräfftiglich das geronnene Geblühte nach Stoß und Fall.»

«Eine Frau nehme Arnika und sieben Pfefferkörner und zerstoße sie zusammen und trinke das mit gutem, altem Wein, bevor sie nachts schlafen gehen will. Es wird kommen.» Gemeint war in diesem frauenheilkundlichen Text aus der zweiten Hälfte des 15. Jahrhunderts die ausbleibende Monatsblutung.

«Bey den Sachsen braucht es das gemein Volck, denen so hoch hinunder gefallen, oder sich sonst etwann mit arbeit verletzt haben: Nehmen ein Handvoll, sieden es in bier, trincken des Morgens einen trunck warm davon, decken sich zu und schwitzen: Wo sie sich dann verletzt haben, empfinden sie an dem verletzten Ort großen Schmertzen, auf zwo oder drey Stund, und werden also kuriert» – heißt es bei dem schon oben zitierten Lobelius. «Auch zu Danzig in Preußen ist es sehr in großem Brauch, und obwohl bey ihnen es nicht wächst, wird es doch aus Niedersachsen in Fässern dahingebracht.»

«Die um Johanni gesammelte Arnika hat eine ganz besondere Kraft, einmal, wenn es sich um Wunden handelt, dann aber auch bei Magen- und Darmkrankheiten, großer Übelkeit und Herzschwäche. Sie ist eins der kräftigsten Mittel für erkrankte Gefäßnerven.»

Diese wenigen Ausschnitte aus Kräuterbüchern mögen eine Ahnung geben von der Fülle der gesammelten Erfahrungen mit der Heilkraft der Arnika. Stets wird der rasche Eintritt ihrer Wirkung betont, wodurch sie als sehr zuverlässiges Hausmittel überliefert wird.

Ad usum externum – ad usum internum

Fragen wir nach der heilenden Wirkung des Wurzelstocks, so landen wir unverzüglich in der Homöopathie. Das Homöopathische Arzneibuch erlaubt zur Herstellung der Urtinktur den getrockneten und gepulverten Wurzelstock nebst Wurzeln, unterscheidet aber sofort zwischen Arnica ad usum externum, das heißt nur zur äußerlichen Anwendung bestimmt, und Arnica ad usum internum, also zur innerlichen Verwendung geeignet.

Nach der eingehenden Beobachtung ihres Wachstums und ihrer Entwicklung sowie ihrer Gestalt und Gestik, wird deutlich, dass wir sowohl die Heilwirkung einzelner Pflanzenteile als auch die der Planta tota, der ganzen Pflanze, differenziert beschreiben müssen. Die Frage, ob und wie sie im Einzelfall heilend oder gefährlich wirkt, muss immer wieder neu gestellt werden.

Abb. 47: In ihrer Gebärdensprache teilt uns Arnika ihre Wesenheit «Fürsorge» mit.

In der gebräuchlichen Literatur fehlt eine übersichtliche Darstellung der einzelnen Pflanzenteile und ihres Bezugs zu den jeweiligen Heilmitteln. Daher versuche ich, diese Beschreibungen zu gliedern.

Flores arnicae, Arnika-Blüten

Die Sammlung der Blüte kann beginnen, wenn sie sich zur Entfaltung ihrer Zungenblüten weitet, spätestens, wenn ein dichter Kranz von Röhrenblüten geöffnet ist. Dann dürfen wir mit einem hohen Gehalt rechnen an ätherischem Öl, Carotin, Fett, Wachs, Arnicin (einem fäulnishemmenden, antibakteriziden Stoff), Eiweiß, Schleimstoffen, Inulin, reichlich Cholin, einem cytisinähnlichen Bitterstoff, Procyanidinen, Gallussäure und Mineralien. Um diese Inhaltsstoffe so aufzuschließen, dass sie vom Körper rasch resorbiert werden, gibt es verschiedene Verfahren des Abkochens, Ausziehens, Aufbereitens.

a) Zubereitungen mit Wasser

Die Blüten werden mit oder ohne Hüllkelch («Körbchen»), das heißt cum oder sine calycibus gesammelt und gehandelt. Der Teeaufguss aus 1 gehäuften Teelöffel frischer oder getrockneter Blüten pro Tasse, mit kochendem Wasser überbrüht, ergibt nach dem Abseihen reichlich Flüssigkeit, um bei Verstauchungen, Quetschungen, Blutergüssen, Entzündungen eine Kompresse zu tränken.

Teeaufguss

Für die innerliche Anwendung ist es schonender, Hüllkelch und Blütenboden zu entfernen, die beide, vor allem in den Drüsenhaaren, mehr harzende und Bitterstoffe enthalten. Man nehme keinesfalls mehr als zehn Prisen frischer Blüten pro Liter Wasser, fünf Prisen genügen schon. Getrocknete Blüten sind weniger aktiv, daher kann man davon bis zu 15 Prisen nehmen, 2 heißt es in einer Anweisung für die innerliche Anwendung eines Teeaufgusses. Und noch etwas gilt es zu beachten! Der Teeaufguss muss so lange gefiltert werden, bis von der Pflanze kein einziger «Federbusch» zurückbleibt, der die Kehle beim Trinken reizen könnte. Mit dem Federbusch sind die Pappushaare gemeint, die umgewandelten Kelchblätter, die der reifen Frucht als Flug- und Fallschirm dienen.

Werden all diese Feinheiten beachtet, kann der Arnika-Teeaufguss seine wohltuende Wirkung entfalten, ob als Apéritif und Anregungsmittel, ob zum Harntreiben, ob gegen Entzündungen oder Fieber. Eine Tasse Teeaufguss, davon morgens, mittags und abends je ein Drittel getrunken, reicht zur Heilung. Wer mehr trinkt, muss mit Übelkeit, Erbrechen und Herzklopfen rechnen.

Ein Zeugnis für die innerliche Anwendung des Teeaufgusses haben wir durch Eckermann überliefert bekommen (siehe oben S. 68) als sofort wirksam bei Herzmuskelschwäche und Ohnmachtsanfällen sowie als Reizmittel bei Kreislaufschwäche. In kleinen Dosen wirkt Arnika erweiternd auf die Blutgefäße, krampflösend und kreislaufanregend. Es ist daher möglich, Arnika bei Gefäßkrämpfen und schlechter Herzdurchblutung aufgrund verengter Herzkranzgefäße einzusetzen – jedoch nur auf Verordnung des Arztes, niemals nach eigenem Gutdünken.

***Abb. 48:* Metamorphose ist räumliche und zeitliche Wandlung: ausfalten und spreizen, einfalten und ballen – immer wieder.**

b) Zubereitungen mit Öl

Öle zur Durchblutung und Durchwärmung

In der anthroposophischen Medizin finden wir Arnika in vielerlei Zubereitungsformen. Die reinen Blüten, sorgfältig mit Öl extrahiert, sind ein wichtiger Bestandteil der Präparate *Arnica comp./ Apis, Oleum* und *Arnica comp./ Cuprum, Oleum.* Beide Präparate sind angezeigt bei Beschwerden des Bewegungsapparates mit Bedürfnis nach Wärme innerhalb des rheumatischen Formenkreises und bei schmerzhaften Verspannungen, Verhärtungen der Muskulatur, Steifigkeit, unterkühlten Gliedmaßen, Störungen des Gewebestoffwechsels, bedingt durch übermäßige oder einseitige Belastung, aber auch aufgrund von Bewegungsarmut oder Fehlhaltungen. In der Körperpflege fördert das Arnika-Massage-Öl die regelmäßige Durchwärmung und Durchblutung, vor allem in den Wintermonaten.

Vom Wärmehaushalt

Dem Wärmehaushalt des Menschen sind enge Grenzen gesetzt. Die Wärme- und Kälte-Empfindlichkeit sowie das innere Temperaturniveau hängen von der Reaktionsfähigkeit eines gesunden Stoffwechsels, aber auch von seelischen Vorgängen ab. Eine Nachricht kann uns einen Kälteschauer einjagen oder die Hitze in den Kopf treiben. Von außen zugeführte Wärme muss von unserem Körper aktiv verwandelt und auf ein höheres Niveau gehoben werden. Arnika unterstützt diesen Weg und zeigt dies auch in ihrem Erscheinungsbild, denn sie selbst muss, um in den extremen Temperaturschwankungen der Gebirgszonen existieren zu können, das uns schon vertraute schützende Haarkleid ausformen. Unter diesem hüllenden Schutzmantel verbirgt sich mehr als eine oberflächliche Signatur, weist doch seine Entstehung auf tiefe Umformungsprozesse im mineralischen (kieselsäurehaltigen) Feinstoffwechsel hin. Mit diesen Schwingungen in Resonanz zu gehen, das ist Heilung, unabhängig davon, ob ich einen Zugang über eine äußerliche Anwendung praktiziere oder mir diese Kräfte einverleibe. So wurden in den Jahren um 1770 etwa 1000 Menschen durch Arnika-Latwergen, das heißt breiige Auflagen, von ihrem intermittierenden Fieber geheilt; ihr inneres Wärmegleichgewicht wurde wieder hergestellt.

Noch immer aktuell ist das ABC-Pflaster, das Arnika-Blüten-Extrakt, Blätterextrakt von Belladonna und einen Extrakt von Capsicum-Früchten in einer Mischung vereint. Die durchwärmende und entzündungshemmende Wirkung von Arnika ergänzt die schmerzlindernde Wirkung von Belladonna, und die Capsicum-Früchte sorgen für eine vermehrte Hautdurchblutung. In der Regel hält die Wärmewirkung zwei Tage an. Hexenschuss, Ischias, aber auch der rheumatische Symptomenkomplex sprechen sehr gut auf diese pflanzliche Kombination an.

c) Zubereitungen mit Alkohol

Abb. 49: Hingegeben an das kosmische Wirken und empfangend in Zuversicht.

Eine leicht nachzuvollziehende Zubereitung von Arnika-Tinktur ist die folgende: 1 Teil getrocknete Arnika-Blüten werden mit 12 Teilen 70-prozentigem Weingeist in einer Weithalsflasche angesetzt und unter öfterem Umschütteln

Arnika-Tinktur

10 Tage lang an einem warmen, sonnigen, jedoch nicht zu heißen Ort stehen gelassen. Bei dieser einfachen Zubereitung wundert es nicht, dass dieser «Arnikageist» noch in meinen Kindertagen in jedem Bauernhaus anzutreffen war. Oftmals wurden auch die frischen Blüten direkt angesetzt, nachdem man sie zwischen den Fingern zerrieben hatte, um die Zellen rascher aufzuschließen. Mühsam war dann nur das Auspressen, das nötig wurde, weil sich die Blüten und Pappushaare voll mit Alkohol gesaugt hatten und die wertvollen Inhaltsstoffe doch nicht verloren gehen sollten.

Diese Tinktur eignet sich sowohl zur äußerlichen als auch zur innerlichen Anwendung, allerdings ist eine noch genauere und vorsichtigere Dosierung zu beachten, als dies beim wässrigen Auszug geschildert wurde.

Konrad Kölbl, der sich in seiner Kräuterfibel auf den *Hortus Eystettensis* von 1713 beruft, mahnt immer wieder zur Vorsicht: «Bei Verwendung von Arnika ist zuerst der Rat und die Anweisung des Arztes einzuholen. Die Tinktur soll auch bei äußerlicher Anwendung verdünnt und nur einmalig zu einem Umschlag verwendet werden. Dasselbe gilt auch für Wundreinigungen. Hier soll die Verdünnung noch stärker sein!»

Apotheker Schunk empfiehlt 1/2 Teelöffel Tinktur auf 1/2 Glas Wasser als Gurgelmittel (zur Kräftigung der Stimmbänder bei Sängern und Rednern) und zu Umschlägen oder Kompressen.

In Nielsens Heilpflanzenführer wird daran erinnert, dass 1 großer Kaffeelöffel Arnikageist in 1 Glas Wasser 1 Tasse Tee ersetzt und dass 5 Tropfen Tinktur in Wasser, jede 3. bis 4. Stunde genommen, in beiden Weltkriegen ein unerlässliches Schmerzmittel war.

Eine noch behutsamere Dosierung, nämlich nur 1 bis 2 Tropfen auf ein Glas Wasser, begünstigt die Ausheilung von Magen- und Darmkatarrhen. Selbst bei Typhus und Ruhr, wenn dieselben in ein chronisches Stadium übertreten, und bei Behandlung von Magengeschwüren hat nach Eckstein und Flamm die Arnika-Tinktur eine hervorragende Wirkung.

Kneipp behandelte selbst zerfallende Geschwüre mit eitriger Einschmelzung, übelriechende, infizierte Wunden oder mit eitriger Zersetzung einhergehende Mandelentzündung mit Arnika und tituliert sie als Heilmittel allererster Ordnung.

Die Verwendung von «Planta tota»

Abb. 50: Der geöffnete Blütenkorb: höchste Energiestufe des Arnika-Seins, Konzentration der Kräfte und Entfaltung von Klarheit, Duft und Wärme.

Die Ernte der ganzen Pflanze, im pharmazeutischen Sprachgebrauch als «Planta tota» bezeichnet, erfolgt nach dem Aufblühen der beiden Folgeknospen, die sich meistens binnen 8 bis 14 Tagen nach dem Öffnen der endständigen Erstblüte entfalten. Unterhalb der Grundblätter wird mit kurzem, kräftigem Ruck der Blütenspross abgerissen, wodurch etwa 1 cm des Rhizoms mit herausgerissen wird. Mit Wurzel/Rhizom, Blatt/Stängel und Blüte, also

der Planta tota, liegt ein umfassendes Wirkungsspektrum der Pflanzeninhaltsstoffe vor, und alles Wesenhafte, das sich in einer Vegetationsperiode ober- und unterirdisch ausgebildet hat, fließt in die daraus hergestellten Arzneipräparate ein.

Hochkonzentriert liegt uns die Tinktur Arnica e planta tota in der Arnika-Essenz der Weleda vor, nämlich 60 Gramm Urtinktur auf 100 Gramm Gesamtmenge. Blutergüsse, stumpfe, traumatische Verletzungen, Quetschungen, Zerrungen, Stauchungen gehören ebenso zum Anwendungsbereich wie alle Verletzungen, bei denen zur Heilung Stoffwechsel- und Formprozesse neu angeregt werden müssen.

Für Umschläge bei unverletzter Haut ist eine Dosierung von 1 Esslöffel Essenz auf 1/4 l Wasser möglich, für Wundverbände, die länger verweilen, 1 Teelöffel auf 1/4 l abgekochtes Wasser. Zur Weiterbehandlung eignen sich Arnika-Gelee oder Arnika-Salbe, ebenfalls Produkte aus der ganzen Pflanze mit einem Anteil von 30 % Urtinktur.

Arnika ist nicht nur selbst eine überaus sensible Pflanze, sie verlangt auch einen sensiblen Umgang von den Menschen, denen sie ihre heilenden Kräfte «anbietet».

Rhizom und Wurzel in der Homöopathie

Der sensibelste Teil der Pflanze breitet sich nur wenige Zentimeter unter der Erdoberfläche aus, das wurde eingangs ausführlich dargestellt. In der Literatur wird dieser Pflanzenkörper als der wirksamste beschrieben. In der Homöopathie werden ausschließlich Auszüge aus diesem erddurchpulsten Pflanzenbereich verwendet.

Erde-Licht-Impuls

Am 10. Juni 1924 sprach Rudolf Steiner über die Bedeutung des Erde-Licht-Impulses, die uns gerade bei Arnika wesentliche Zusammenhänge erschließen kann: «Der Mensch weiß heute notdürftig, wie sich die Luft im Innern der Erde benimmt, aber er weiß fast gar nichts davon, wie sich das Licht im Innern der Erde benimmt. Er weiß nicht, dass das, was gerade das kosmische Gestein, das Kieselige ist, das Licht aufnimmt in die Erde und da das Licht zur Wirksamkeit bringt, dagegen dasjenige, was dem Irdisch-Lebendigen nahesteht, die Humusbildung, das Licht nicht aufnimmt, nicht zur Wirkung bringt in der Erde und daher lichtloses Wirken erzeugt.»

Wie sehr die Arnika als Urgesteinspflanze dem Kieseligen verbunden ist, tritt nicht nur in der festen Achäne in Erscheinung, sondern vor allem in der skelettierten Pflanze, nachdem das Chlorophyll seine Aktivität eingestellt hat. Same und verblühte Pflanze reagieren mit Beständigkeit, auch bei großen Temperaturschwankungen, denn es gibt keine natürliche Substanz, die so stark isolierend und wärmeregulierend wirkt wie Kieselsäure mit ihren feinen Schichtgitterstrukturen.

Abb. 51: Arnika, die Mutterwurz, Spiegel des Schöpferischen im mütterlichen Sein.

Arnika-Konstitution im Menschen

James Tyler Kent, der das große Werk der «Klassischen Homöopathie» Samuel Hahnemanns fortgesetzt und um wesentliche Erfahrungen aktualisiert hat, gibt eindeutige Hinweise auf die Arnika-Konstitution im Menschen; er schildert akute, ausweglos scheinende Fälle, in denen ausschließlich Arnika die Rettung brachte, beispielsweise bei den zu gewissen Jahreszeiten immer wieder auftretenden Malaria-Erkrankungen im Westen der USA. Sein Studium der Gesundheit und ihrer Störungen umfasst den ganzen Menschen in seinen Gefühlen und Emotionen, den Äußerungen der Seele, in seinem Denken und Verhalten, den Zeichen des in ihm wirkenden Geistes, in seinem körperlichen Befinden, das sich in Ablehnung und Verlangen, in den von Tages-, Jahres-, Arbeits- und Ruhezeiten abhängenden Befindlichkeiten zeigt.

Das Reich der energetischen Prozesse

Voraussetzung für eine Therapie unter diesen Gesichtspunkten ist selbstverständlich das exakte Studium aller Phänomene einer Pflanze und des Menschen, wozu vor allem der unsichtbare, sich nur indirekt zeigende große Bereich der energetischen Prozesse gehört. Die analytische Wissenschaft begreift allmählich, dass die fehlende Nutzbarmachung und Anerkennung dieser Energien auf einer mangelhaften Technik beruht und nicht auf dem Nichtvorhandensein dieser Kräfte.

Lange Zeit blieb deshalb das heilende Prinzip der energetischen Impulse aus Mineral-, Pflanzen- und Tierreich verborgen. Anthroposophische Ärzte und Vertreter der Klassischen Homöopathie arbeiteten jedoch an der Erforschung dieser Übermittlung von Heilenergien, die uns im Kosmos und auf der Erde überreich zur Verfügung stehen und deren segensvolle Wirkungen bisher mehr ahnbar als einsetzbar sind, bedingt durch die Ablehnung von Seiten der so genannten Naturwissenschaft. Doch die Entwicklung des Bewusstseins lässt sich auf dem Gebiet der Heilung nicht aufhalten, auch wenn sich augenscheinlich seit den Erfolgen Kents und den Vorträgen Steiners nicht so viel ereignet hat, wie bei unserem Gesundheitszustand und der Problematik unseres Gesundheitssystems sinnvoll und höchst wünschenswert wäre.

Mein Anliegen ist es, naturwissenschaftlich exakt alle Erscheinungsformen einer Pflanze wahrzunehmen, sie aber nicht aus dem großen kosmischen, hochenergetischen Zusammenschwingen aller Kräfte herauszulösen, sondern Wege aufzuzeigen, auf denen wir diesen Pflanzenenergien begegnen können. Das setzt bei uns Menschen eine besondere Öffnung gegenüber dieser zeitlosen energetischen Dimension voraus, wie sie heute von vielen in Meditation und Kontemplation gesucht, gefunden und gepflegt wird. Letztendlich werden diese Heilungswege immer stärker im Immateriellen verlaufen, bis wir uns körperlich von allen Substanzen lösen – wie es bei den geistigen Heilungen im Urchristentum noch möglich war, jetzt aber von jedem Einzelnen auf einer höheren Stufe angestrebt werden muss. Noch sind die Hochpotenzen in der Klassischen Homöopathie unerlässliche Begleiter auf diesem erweiterten Heilungsweg, und deshalb wollen wir im Zusammenhang mit Arnika einen kurzen Blick darauf werfen.

Das «Wunder» der Hochpotenzen

Hochpotenzen enthalten nachweislich kein Molekül mehr der ursprünglichen Substanz. Sie sind als reine Schwingung an eine Trägersubstanz gebunden, die vom Menschen assimiliert werden kann. Diese Schwingungen tragen das «Bild» der Pflanze, von der sie stammen, in sich. So heilt eine Hochpotenz der Arnika andere Gebrechen als die der Chamomilla oder Pulsatilla oder gar einer mineralischen oder tierischen Ausgangssubstanz. Um diese spezifischen Schwingungen in ein Arzneimittel überzuführen, bedarf es höchster Präsenz des Menschen in seinem Tun. Das beginnt beim Sammeln und der Wahl des «richtigen» Zeitpunktes und setzt sich in der Gewinnung der Urtinktur fort. Samuel Hahnemann, versierter Chemiker, aber auch wissend um die alchemistischen Prozesse der Verwandlung, hat dies für die Herstellung seiner Pflanzenpotenzen minutiös beschrieben. In einem alten Handbuch der homöopathischen Praxis wird er folgerndermaßen zitiert:

«Der Kräfte der einheimischen und frisch zu bekommenden Pflanzen bemächtigt man sich am vollständigsten und gewissesten, wenn ihr ganz frisch ausgepresster Saft *unverzüglich* mit gleichen Teilen Schwammzündenden Weingeistes wohl gemischt wird. Von dem nach Tag und Nacht in verstopften Gläsern abgesetzten Faser- und Eiweiß-Stoffe wird dann das Helle abgegossen, zum Verwahren für den arzneilichen Gebrauch. Von dem zugemischten Weingeiste wird alle Gährung des Pflanzensaftes augenblicklich gehemmt und auch für die Folge unmöglich gemacht, und die ganze Arzneikraft des Pflanzensaftes erhält sich so vollständig und unverdorben auf immer in wohl verstopften, an der Mündung mit geschmolzenem Wachse gegen alle Verdunstung des Inhaltes wohl verdichteten und vor dem Sonnenlichte verwahrten Gläsern.»

Damit ist der Weg eröffnet zur eigentlichen Potenzierung, dem «Schütteln» der nun beginnenden Verdünnungsreihe. Während das stetige Hinzufügen neuer Trägersubstanz die Ausgangsmaterie zum Verschwinden bringt, löst und erhöht das Schütteln beziehungsweise bei festen und unlöslichen Substanzen das Verreiben mit Milchzucker die Energie, die einst stark in der Materie und an die Materie gebunden war. Für die Menschen, die diese Aufgaben manuell durchführen, sind es tiefe, innige Durchdringungsprozesse von höchster Verantwortung. Die Herstellung einer Hochpotenz kann viele Wochen dauern. Dann wird sie zu einem wahrhaft meditativ-alchemistischen Verwandlungsvorgang für Pflanze, Arznei und Mensch.

Stellen wir uns vor, wie wenig Ausgangssubstanz erforderlich ist zur Erzielung von Heilung mit Hochpotenzen und wie schonend wir mit all den Schätzen umgehen können, die uns die Natur schenkt, ohne auch nur den geringsten Mangel leiden zu müssen! Doch noch fehlt es an ausgebildeten Medizinern, die diese Heilkunst umfassend leben und praktizieren können.

Arzneimittelbild

Dies sollte uns nicht abhalten, uns die Erfahrungen von James Tyler Kent, die er mit Arnika schildert, näher zu betrachten, und zwar unter dem Gesamtaspekt des Phänomens Arnika und der Idee, die sich in dieser Pflanze ständig neu manifestiert. Aus dieser Synthese ergibt sich das so genannte Arzneimittelbild der Pflanze, das ein erfahrener Homöopath vergleicht mit dem Erscheinungsbild und den Modalitäten, die ihm bei der Begegnung mit dem gesunden oder kranken Menschen entgegentreten. Hohe Sensibilität, Sinnenhaftigkeit und innere Stärke – Eigenschaften, wie sie uns im Erscheinungsbild der Arnika selbst entgegentreten – sind Voraussetzungen zur Betrachtung der Pflanze und des Menschen, will man zwischen beiden die heilbringende Brücke schlagen. So wird Arnika im doppelten Sinne zur «Leitpflanze».

Das Arzneimittelbild von Arnica

Bild der Pflanze – Bild des Patienten

Dem Arnika-Patienten darf man nicht zu nahe kommen. Wegen seiner körperlichen Schmerzen will er nicht berührt werden, und aufgrund seines geistigen Zustandes möchte er nicht sprechen. Reizbar, mürrisch, traurig, ängstlich, schreckhaft wird er geschildert, unter der Einbildung leidend, ein tief eingewurzeltes Leiden zu haben, herzkrank zu sein oder bald sterben zu müssen. Nachts überfallen ihn Träume von Sümpfen und dass ihm dort Schreckliches geschehen würde. Er erwacht mitten in der Nacht an plötzlicher Todesangst, während er tagsüber weit unauffälliger, ja sogar freundlich und liebenswürdig ist und keine Berührungsprobleme hat.

Gesteigerte Empfindlichkeit in der Schwangerschaft, die sich darin äußert, dass die Frau unter Schmerzhaftigkeit des ganzen Körpers, vor allem der Eingeweide, der Gebärmutter und der gesamten Beckenregion leidet, zeigt das Bild äußerster Sensibilität gegenüber den Bewegungen des Embryos, auch wenn sich dieser keineswegs stärker bewegt. Es ist die subjektive Sensibilität, die zu schlaflosen Nächten führt. – Nach der Geburt setzt sich das Geschehen fort in einem ständigen Urintröpfeln bei der Mutter und im Verhalten des Kindes, das bei Berührung aufschreit und später alles von sich stößt, eine Reaktion, die sich bei ernsten Krankheiten des Kindes wie Keuchhusten oder Fieber mit Lungenentzündung, Rippenfellentzündung und ähnlichen Symptomen noch steigert und in Schreianfällen entlädt.

Wurzelstockbereich: Stärke im Dunkeln

Einerseits sehen wir ein natürliches vehementes Geschehen, andererseits werden gesunde und natürliche Entwicklungen wie die Schwangerschaft übersteigert erlebt. Das ist doch Arnika in ihrer ganzen Ursprünglichkeit! Gerade der Wurzelstockbereich der Arnika führt uns die Stärke im Dunkeln vor Augen, aber wir erinnern uns auch an seine Sensibilität bei geringen Säfteschwankungen. Minimale Mineralstoff- und Säuregradverschiebungen bringen Arnika um!

Diese Sensibilität des unterirdischen Rhizombereichs der Arnika, die sich bis in den Intermediärstoffwechsel der Pflanze ausformt, finden wir im Menschen in seinem Nerven-Sinnes-Bereich mit allen Konsequenzen der Überreizung im Körperlichen, Geistigen, Seelischen. Von den tiefsten Zellschichten bis in die Haut durchwirkt diese Empfindlichkeit den Menschen, der Arnika homöopathisch in Hochpotenzen braucht. Die Erkenntnis, wie stark der vom Erd-und Lichtimpuls durchflutete Wurzelstockbereich mit dem menschlichen Nerven-Sinnes-System korrespondiert, verdanken wir Rudolf Steiner. «In allen Lähmungserscheinungen steckt etwas, was mit dem Boden der Erde innig zusammenhängt», sagt er in seinem Vortrag am 31. Oktober 1923, denn zwischen Boden und Kleinhirn besteht ein Zusammenhang. – «Über den ganzen Körper geht ein Gefühl der Lähmigkeit, Wundheit und Zerschlagenheit», schreibt Kent und schildert umfassend die psychischen Symptome, die mit dieser Lähmigkeit einhergehen, nämlich den vermehrten Schmerz. – In einem anderen Vortrag (am 4. November 1923 über den Zusammenklang des schaffenden, bildenden und gestaltenden Weltenwortes) lässt Steiner die Gnomen, die Elementarwesen der Erde, die auch im Wurzelbereich tätig sind, dem Menschen zurufen:

Du träumst dich selbst
Und meidest das Erwachen.

Welche tiefe Lähmung des Entwicklungsweges schauen wir hier? Arnika bringt aus ihrer Wurzelkraft die gestaltende Wende. Wieder sprechen die Gnomen und bringen ihr eigenes Wesen darin zum Ausdruck:

Ich halte die Wurzelwesenskraft,
Sie schaffet mir den Formenleib.

Es ist die Kraft, die wirkt, um das menschliche Knochensystem zustande zu bringen und in harmonischer, das heißt gesunder Schwingung zu erhalten.

Wandlungsphase Erde – Energie der Mitte

In der traditionellen chinesischen Medizin, die heute gerade im Westen eine große Aktualisierung erfährt, ist diese Wurzelwesenskraft in der Wandlungsphase Erde zu finden. Im Menschen finden wir die Energie der Mitte gestärkt. Milz und Magen als korrespondierende Organe reagieren sensibel auf die Belastungen durch eine Überflutung mit Nachrichten, Informationen und Reizen aller Art sowie die Forderung nach ständiger Leistungsbereitschaft. Wiederum taucht das Bild auf, das Kent vom Arnika-Patienten zeichnet: reizbar, mürrisch, will nicht berührt werden. Der Funktionsbereich Mitte, diese Erd-Wandlungsphase, ist verantwortlich für die «Trennung des Trüben vom Klaren».

Alle Reize, die über den Funktionskreis Lunge aufgenommen werden, seien sie klimatischer, sozialer, emotionaler oder psychischer Natur, gelangen zu dieser Mitte. Dort fällt die Entscheidung, ob sie aufgenommen und eingebaut oder ausgeschieden werden. Arnika verbindet in sich das chaotisch anmutende Wurzel-Labyrinth in der dunklen Tiefe mit der Ruhe und Klarheit seines Lichtprozesses zu einer Wesensganzheit und wirkt aus dieser «Mitte» stärkend auf den sensiblen Mittebereich des Menschen – jedoch nur, wenn sie in der hochenergetischen Form der Potenzen verabreicht wird.

Die geistige Einheit alles Seienden

Verwandlung der Wolfskraft führt Pflanze und Mensch aus der Todeserfahrung der Erdentiefe ins Licht.

Rufen wir uns mit den Erkenntnissen, die wir im Laufe der Darstellung gewonnen haben, das gesamte Erscheinungsbild von Arnika nochmals vor unser inneres Auge. Weit ausgebreitet bildet das Rhizomsystem ein «soziales» Netz und sendet gleichsam den Blütenspross als Solitär dem Licht entgegen – so wie der Wolf als Solitär durch das Dunkel der Wälder streift und doch Teil des Rudels ist.

Im Dunkel des Erdenschoßes ist das Licht in seiner energetischen Schwester, der Wärme, «gebunden». Das Wachsen befreit diese gebundene Energie. Gelöst wirkt sie auf die Organisation der gesamten Arnika-Pflanze nährend und gleichsam das unterirdische Chaos ordnend – wie eine Wärmeanwendung Körper und Psyche eines überreizten Menschen zu Ruhe und Klarheit sänftigt. Er wird zu seiner eigenen Mitte geführt, wodurch eine soziale Integration möglich wird.

Die Hauptwirkung der Arnika besteht folglich darin, dass die tiefste Energie im Menschen, sein «Ursprungs-Qi», durch sie sensibilisiert und ergänzt wird. Diese Lebensenergie Qi wird in den Organen und Leitbahnen der Funktionskreise «Milz» und «Lunge», das heißt im Bereich der Mitte synthetisiert und von da aus pulsierend weitergegeben. Aus ihrer eigenen Mitte begegnet Arnika der Mitte des Menschen – sofern wir Menschen uns bereit machen, auf die Gebärdensprache der Pflanze und auf die Sprache aus dem Unbewussten zu hören.

Schon vor Jahrhunderten erkannten Menschen Arnika als die Wolfsblume, erfuhren Wald, Nacht und dunklen Erdenschoß als Durchgang durch den Tod mitten im Leben und nahmen in dieser Erfahrung die lichtvolle Pflanze wachsend in sich wahr, sodass sie uns den Weg zu der lichtvollen, heilenden Kraft der Arnika weisen konnten.

An dieser Stelle gedenke ich der Weleda-Apothekerin Helga Eiben, die am 21. April 2002 während ihres Vortrags über ihre zwanzigjährige Forschung zu *Arnica montana* dem Impuls des Todes folgte und aus dem Erdenleben ins Licht trat.

Abb. 52: Hommage à Helga Eiben.

Literaturverzeichnis

Assagioli, Robert: *Psychosynthese und transpersonale Entwicklung.* Junfermannsche Verlagsbuchhandlung, Paderborn 1992.

Botheroyd, Paul und Sylvia: *Lexikon der Keltischen Mythologie.* Diederichs, München 1995.

Czygan, Franz-Christian, Kulturhistorisches Portrait der Arnica montana; *Zeitschrift für Phytotherapie,* 2000/21, S. 30 – 36. Hippokrates Verlag, Stuttgart.

Delleske, Cornelia: Goethes naturwissenschaftliche Methode.–*Tycho de Brahe Jahrbuch für Goetheanismus,* 1985. Verlag Freies Geistesleben, Stuttgart.

Dörfler, F./Rösler, G.: *Unsere Heilpflanzen,* kosmos, Stuttgart 1965.

Eckstein-Flamm: *Heilkräuter für dich,* Paracelsus-Verlag, Stuttgart 1952.

Engel, Martin Fritz: *Geheimwissen und Zauberglaube.* Landbuchverlag, Hannover 1972.

Garcke, August: *Illustrierte Flora. Deutschland und angrenzende Gebiete,* Parey Verlag, Berlin 1972.

Goethe, J. W.: Aufsatz zur «Geschichte meiner botanischen Studien»; in *Naturwissenschaftliche Schriften,* mit Einleitungen und Erläuterungen im Text herausgegeben von Rudolf Steiner. Gesamtausgabe Bibl. Nr. 1a, Fotomechanischer Nachdruck, Dornach 1982.

Hahnemann, Samuel: *Versuch über ein neues Prinzip zur Auffindung der Heilkräfte der Arzneisubstanzen, nebst einigen Blicken auf die bisherigen,* MVH Medizinverlage Heidelberg, 1988.

– *Organon der Heilkunst. Aude sapere,* MHV Medizinverlage Heidelberg, Neuausgabe 1999.

Heeger, Erich F.: *Handbuch des Arznei- und Gewürzpflanzenbaus,* Reprint der Ausgabe von 1956, Velag Deutsch, Frankfurt a.M. 1989.

Hegi, Gustav: *Illustrierte Flora von Mitteleuropa.* Band 2, Teil 3, blackwell, 3. vollst. neu bearb. Aufl. Berlin 1980.

Heits, Edward: *Kent's Arzneimittelbilder,* Karl Haug Verlag , Heidelberg 1985.

Hempen, Herman: *Medizin der Chinesen,* Bertelsmann, München 1988.

Herder Lexikon: Symbole,Herder Verlag, Freiburg 1978.
Kent, James T.: *Neue Arzneimittelbilder der homöopatischen Materia medica,* Hippokrates Verlag / MVH Medizinverlage Heidelberg, Stuttgart/Heidelberg, 4. Aufl. 1997.
Kölbl, Konrad: *Kölbl's Kräuterfibel. Eine Fundgrube alter und moderner Heilkräuter- und Hausmittelrezepte,* Reprint Verlag Konrad Kölbl, München 24. Aufl. 1995.
Menzel-Tettenborn, Helga: *Das Reich der Pflanzen,* Bertelsmann Verlag, Gütersloh 1974.
Mességué, Maurice: *Das Mességué-Heilkräuter-Lexikon,* Ullstein Taschenbuch, Berlin 1994.
Pelikan, Wilhelm: *Heilpflanzenkunde. Der Mensch und die Heilpflanzen.* Mit zahlreichen Pflanzenzeichnungen von Walther Roggenkamp, Verlag am Goetheanum, Dornach. Band 1, 5. Aufl. 1988, Band 2, 3. Aufl. 1982, Band 3, 2. Aufl. 1984.
Dr. Puhlmanns Handbuch der homöopathischen Praxis, Dr. Willmar Schwabe, Leipzig 1901.
Rauscher, K.: *Heilkräuter, Geschenke Gottes,* Verlag Freunde der Heilkräuter, Karlstein 1979.
Schunk, Rainer: *Heilkraft aus Heilpflanzen,* Verlag Kaulfuss, Abtswind 1979.
– *Die Heilpflanze. 120 Heilpflanzen und 40 Gewürze. Leicht verständlich dargestellt,* Kaulfuss Verlag, Abtswind 1977.
Sheldrake, Rupert: *Engel. Die kosmische Intelligenz,* Kösel, München 1998.
Steiner, Rudolf: Wenn die Erde Mond wird, Du Mont Verlag 1992.
– Vortrag am 10. Juni 1924; in *Geisteswissenschaftliche Grundlagen zum Gedeihen der Landwirtschaft,* Gesamtausgabe (GA) Bibl. Nr. 327, Dornach 8. Aufl. 1999.
– Vortrag am 31. Oktober 1923; in *Mensch und Welt. Das Wirken des Geistes in der Natur. Über das Wesen der Bienen,* GA 351, Dornach 5. Aufl. 1999.
– Vortrag am 4. November 1923; in *Der Mensch als Zusammenklang des schaffenden, bildenden und gestaltenden Weltenwortes,* GA 230, Dornach 7. Aufl. 1993.
Storl, Wolf Dieter: *Pflanzendevas. Die Göttin und ihre Pflanzenengel. Heilkunde, Kulturgeschichte, Mythologie und Religion der Völker.* Natur und Heilen, AT Verlag Aarau, 1997.
– *Pflanzen der Kelten. Heilkunde, Pflanzenzauber, Baumkalender,* AT Verlag Aarau, 2000.
Tschirch, Alexander: *Handbuch der Pharmakognosie,* Tauchnitz Verlag, Leipzig 1909–1927.
Uranias Pflanzenreich. Band 2: *Höhere Pflanzen,* Urania Verlag, Leipzig 1974.
Vithoulkas, Georgos: *Die wissenschaftliche Homöopathie. Theorie und Praxis naturgesetzlichen Heilens,* Edition Nereide, Göttingen 5. Aufl. 1993.

Weitere Bücher von Christina Kiehs-Glos

Iris

Eine Heilpflanze verwandelt das Wasser
96 Seiten mit 85 Farbfotos,
gebunden mit Schutzumschlag

Wildrose

Eine Heilpflanze verwandelt das Feuer
96 Seiten mit 90 Farbfotos,
gebunden mit Schutzumschlag

Calendula

Eine Heilpflanze spiegelt das Licht
96 Seiten mit 60 Farbfotos,
gebunden mit Schutzumschlag